夏文化考古文献存目

夏文化研究大系

河南省文物考古研究院
河南省夏文化研究中心 编

中原出版传媒集团
中原传媒股份公司
大象出版社
·郑州·

图书在版编目(CIP)数据

夏文化考古文献存目 / 河南省文物考古研究院, 河南省夏文化研究中心编. — 郑州 : 大象出版社, 2022. 4
(夏文化研究大系)
ISBN 978-7-5711-1237-0

Ⅰ. ①夏… Ⅱ. ①河… ②河… Ⅲ. ①夏文化(考古)-专科目录 Ⅳ. ①Z88 : K871. 3

中国版本图书馆 CIP 数据核字(2021)第 219242 号

夏文化研究大系

夏文化考古文献存目

XIA WENHUA KAOGU WENXIAN CUNMU

河南省文物考古研究院　河南省夏文化研究中心　编

出 版 人　汪林中
责任编辑　曲　静
责任校对　安德华
装帧设计　张　帆

出版发行　大象出版社(郑州市郑东新区祥盛街 27 号　邮政编码 450016)
　　　　　发行科　0371-63863551　总编室　0371-65597936
网　　址　www. daxiang. cn
印　　刷　河南新华印刷集团有限公司
经　　销　各地新华书店经销
开　　本　787 mm×1092 mm　1/16
印　　张　18
字　　数　253 千字
版　　次　2022 年 6 月第 1 版　2022 年 6 月第 1 次印刷
定　　价　86. 00 元
若发现印、装质量问题,影响阅读,请与承印厂联系调换。
印厂地址　郑州市经五路 12 号
邮政编码　450002　　　电话　0371-65957865

前言

根据古代文献记载，夏代是上古时期从“禅让制”到“家天下”转变的第一个朝代，中原地区是夏王朝都邑分布的中心区域。

从20世纪20年代初中国近代考古学发端百年以来，夏文化探索一直是中国考古学研究的重大命题，备受国内外学者关注。当前，夏文化探索与研究更是引起了中国社会各方面的聚焦和热议。早在1926年初，李济先生曾赴山西考察，寻找夏代遗存便是其考察目的之一。如果从1959年徐旭生先生以明确寻找“夏墟”为目的的豫西田野考古调查算起，学术界开展夏文化探索与研究的考古工作已经60余年。在1977年登封告成遗址发掘现场会推动下，特别是在世纪之交开展的“夏商周断代工程”的多学科联合研究下，夏文化考古探索取得了巨大进步。众多学者依据一系列的考古发现，结合对文献记载的全面梳理，包括参考相关遗址的多学科分析检测数据等，经过较为充分的研讨、争鸣，虽然对以二里头遗址为中心的夏文化有不同的认识和观点，但对夏文化仍然达成了一定的共识和阶段性的主要成就，概括起来主要有两点：一是已得出夏文化真实存在的科学结论；二是作为学术界主流观点，许多学者认为龙山时代王湾三期文化晚期、新砦期文化和二里头文化分别为夏代早、中、晚期阶段的文化遗存。尤其是关于二里头文化，从基础的地层学和类型学、大量的测年分析等方方面面对其时空分布已经有了较为清晰的定位。从历史时间看，二里头文化介于河南龙山文化与二里岗文化（早商）之间；从地理空间看，二里头文化的分布范围主要在河南大部、山西南部地区。

尽管由于甲骨文发现和丰富的考古研究成果证明继夏而立的商代已成为信史，但因缺乏足够多的文献记载和类似甲骨文的自证性文字的发现，夏代要成为如商代一样的信史，还需要更多的考古发现和研究去证实。

在近百年的夏文化探索和研究过程中，众多学者思考并提出了很多的具体问题，有的已经解决，但大量的问题仍有待于新的考古发现和研究去回答。《考古中国·夏文化研究》工作计划中列出了夏文化研究的重要课题，包括有关夏朝历史文献记载研究、以往夏文化相关研究成果的梳理、考古学文化谱系及夏代年代学研究、夏代古环境和人地关系研究、夏代生业与资源及经济技术研究、夏代祭祀和精神思想研究、夏代聚落形态与社会结构研究、夏代人类生存状况研究、夏夷族属的体质人类学和古代DNA及同位素等综合比较研究、中国早期国家发展模式及国家治理体系的综合研究等10个方面。除此之外，还要加强夏文化核心区与夏时期中国境内诸地理区域文化的比较研究，与同时期中亚、西亚等古文化的比较研究等；还要将这些课题放到更长的历史时间段和历史发展规律内去考虑和探究，以期对夏文化有一个更为明确的认识和定位。同时，需要在既往研究成果的基础上，不断地反思、沉淀、探求，在新的考古发现中去不断地实现突破，进而在夏文化探索联合攻关研究中，形成具有中国特色的阐释国家起源与初步发展规律的考古学理论。

我们组织编写《夏文化考古文献存目》，将近百年来公开发表的与夏文化考古探索相关的发掘报告、简报、论著、论文等成果目录汇集成册，期冀为夏文化研究提供便利和参考。

编者

2021年11月

凡例

一、本书是一部检索夏文化研究考古学文献的工具书，分为上下两编。上编为资料篇，收录内容包含有考古报告、简报、年鉴、报纸、图录等。下编为研究篇，分为综合研究和专题研究两大部分。综合研究包括论著、论文和硕博论文；专题研究主要包括体质人类学、动物考古、植物考古、手工业考古、陶器分析、环境考古、碳十四测年、天文研究等内容。以公开发行的中文期刊、报纸、论文集、专著为主，兼收部分考古机构年报等内部资料。所收录文献发表时间截止到2019年12月31日。

二、本书收集的时间范围是学界认可的夏王朝存在时期的考古学文化，包含河南龙山文化晚期、新砦期遗存和二里头文化，即公元前2300年至公元前1600年。

三、本书收集的空间区域主要是古代文献记载的夏王朝的主要活动区域。龙山时期以嵩山周围地区为核心，包括晋南地区，位居中原腹地，属黄河中下游地区。二里头文化时期除中原腹地外，向外扩展到陕西、湖北、安徽等部分地区。

四、本书收录夏文化研究相关文献资料共2713条。资料篇共计660条，其中考古报告或报告集49条；简报共392条；中国考古学年鉴150条；报纸类主要是《中国文物报》52条；各种相关图录17条。研究篇共计2053条，其中综合研究1851条；专题研究202条。

五、本书所收文献资料的编排，尽可能按内容分类划分，依出版或发表时间先后排序。

六、本书条目标注作者、出版单位和出版日期，尽可能标注页码、图版等细节。对于一篇文章在两种以上杂志发表的，只选取最早发表刊物进行录入。文章的著作署名照原刊录入。

七、各种文献的编著者，原署有单位名称又列有执笔者，将执笔人姓名括注于后。执笔者为两人以上的，只取第一作者。

目录

上编 · 资料篇

下编 · 研究篇

上编·资料篇

一、考古报告

（一）河南省

1.**庙底沟与三里桥**.中国科学院考古研究所（安志敏等）.科学出版社.1959年.64—82页、86—88页、92—102页

2.**洛阳发掘报告——1955—1960年涧滨考古发掘资料**.中国社会科学院考古研究所.北京燕山出版社.1989年

3.**淅川下王岗**.河南省文物研究所、长江流域规划办公室考古队河南分队（曹桂岑等）.文物出版社.1989年.230—306页

4.**登封王城岗与阳城**.河南省文物研究所、中国历史博物馆考古部（安金槐等）.文物出版社.1992年

5.**郑州黄委会青年公寓考古发掘报告**.陈嘉祥.郑州商城考古新发现与研究（1985—1992）.河南省文物研究所.中州古籍出版社.1993年.185—227页

6.**驻马店杨庄——中全新世淮河上游的文化遗存与环境信息**.北京大学考古学系、驻马店市文物保护管理所（宋豫秦等）.科学出版社.1998年

7.**济源市白沟遗址**.樊温泉.黄河小浪底水库文物考古报告集.河南省文物管理局、水利部小浪底水利枢纽建设管理局移民局.黄河水利出版社.1998年.15—16页

8.**新安县太涧遗址**.刘富良.黄河小浪底水库文物考古报告集.河南

省文物管理局、水利部小浪底水利枢纽建设管理局移民局.黄河水利出版社.1998年.18页

9.**新安县盐东遗址**.王炬、俞凉亘.黄河小浪底水库文物考古报告集.河南省文物管理局、水利部小浪底水利枢纽建设管理局移民局.黄河水利出版社.1998年.19—21页

10.**济源市留庄遗址**.魏兴涛、张玉石.黄河小浪底水库文物考古报告集.河南省文物管理局、水利部小浪底水利枢纽建设管理局移民局.黄河水利出版社.1998年.32—35页

11.**济源市交兑遗址**.赵清.黄河小浪底水库文物考古报告集.河南省文物管理局、水利部小浪底水利枢纽建设管理局移民局.黄河水利出版社.1998年.35—38页

12.**济源留庄**.魏兴涛.黄河小浪底水库考古报告（一）.河南省文物管理局、河南省文物考古研究所.中州古籍出版社.1999年.95—160页

13.**济源交兑**.赵清、韩朝会.黄河小浪底水库考古报告（一）.河南省文物管理局、河南省文物考古研究所.中州古籍出版社.1999年.161—191页

14.**偃师二里头——1959年～1978年考古发掘报告**.中国社会科学院考古研究所（赵芝荃等）.中国大百科全书出版社.1999年

15.**夏商周断代工程1996—2000年阶段成果报告（简本）**.夏商周断代工程专家组.世界图书出版公司.2000年

16.**豫东杞县发掘报告**.郑州大学文博学院、开封市文物工作队（宋豫秦等）.科学出版社.2000年.22—88页、165—238页

17.**郑州大河村**.郑州市文物考古研究所（李昌韬等）.科学出版社.2001年.504—552页

18.**郑州商城——1953~1985年考古发掘报告**.河南省文物考古研

究所（安金槐等）.文物出版社.2001年.59—118页

19.**洛阳皂角树——1992～1993年洛阳皂角树二里头文化聚落遗址发掘报告**.洛阳市文物工作队（叶万松等）.科学出版社.2002年

20.**洛阳王湾——考古发掘报告**.北京大学考古文博学院（邹衡等）.北京大学出版社.2002年.69—96页

21.**辉县孟庄**.河南省文物考古研究所（袁广阔等）.中州古籍出版社.2003年.87—240页

22.**禹州瓦店**.河南省文物考古研究所（方燕明等）.世界图书出版公司.2004年

23.**郑州大师姑（2002—2003）**.郑州市文物考古研究所（王文华等）.科学出版社.2004年

24.**新乡李大召——仰韶文化至汉代遗址发掘报告**.郑州大学历史学院考古系（韩国河等）.科学出版社.2006年.37—230页

25.**登封王城岗考古发现与研究（2002～2005）**.北京大学考古文博学院、河南省文物考古研究所（方燕明等）.大象出版社.2007年

26.**新密新砦——1999～2000年田野考古发掘报告**.北京大学震旦古代文明研究中心、郑州市文物考古研究院（赵春青等）.文物出版社.2008年

27.**颍河文明——颍河上游考古调查试掘与研究**.河南省文物考古研究所、密苏里州立大学人类学系、华盛顿大学人类学系（宋国定等）.大象出版社.2008年

28.**三门峡南交口**.河南省文物考古研究所（樊温泉等）.科学出版社.2009年.230—247页

29.**郾城郝家台**.河南省文物考古研究所（曹桂岑等）.大象出版社.2012年.212—389页

30.**伊川考古报告**.河南省文物考古研究所（袁广阔等）.大象出版社.2012年.16—162页、180—234页、239—251页

31.**民权牛牧岗与豫东考古**.郑州大学历史学院考古系（张国硕等）.科学出版社.2013年.19—55页、114—127页

32.**登封南洼——2004—2006年田野考古报告**.郑州大学历史文化遗产保护研究中心（韩国河等）.科学出版社.2014年.20—634页

33.**二里头（1999—2006）**.中国社会科学院考古研究所（许宏等）.文物出版社.2014年

34.**新郑望京楼——2010—2012年田野考古发掘报告**.郑州市文物考古研究院（顾万发等）.科学出版社.2016年.69—324页

35.**鲁山杨南遗址**.河南省文物局.科学出版社.2016年.9—13页

36.**豫东考古报告——"中国商丘地区早商文明探索"野外勘察与发掘**.中国社会科学院考古研究所、美国哈佛大学皮保德博物馆（唐际根等）.科学出版社.2017年.58—60页、91—226页、248页

37.**洛阳盆地中东部先秦时期遗址——1997—2007年区域系统调查报告**.中国社会科学院考古研究所、中澳美伊洛河流域联合考古队（许宏等）.科学出版社.2019年

（二）山西省

38.**夏县东下冯**.中国社会科学院考古研究所、中国历史博物馆、山西省考古研究所（张彦煌等）.文物出版社.1988年.18—148页

39.**垣曲商城（一）——1985—1986年度勘察报告**.中国历史博物馆考古部、山西省考古研究所、垣曲县博物馆（佟伟华等）.科学出版社.1996年.89—115页

40.**垣曲商城（二）——1988~2003年度考古发掘报告**.中国国家博物馆田野考古研究中心、山西省考古研究所、垣曲县博物馆.科学出版社.2015年.107—229页

41.**垣曲古城东关**.中国历史博物馆考古部、山西省考古研究所、垣曲县博物馆（佟伟华等）.科学出版社.2001年.340—428页

42.**翼城枣园**.山西省考古研究所（薛新民等）.科学技术文献出版社.2004年

43.**垣曲盆地聚落考古研究**.中国国家博物馆考古部（佟伟华等）.科学出版社.2007年

44.**运城盆地东部聚落考古调查与研究**.中国国家博物馆田野考古研究中心、山西省考古研究所、运城市文物保护研究所（戴向明等）.文物出版社.2011年

45.**襄汾陶寺——1978~1985年考古发掘报告**.中国社会科学院考古研究所、山西省临汾市文物局（高炜等）.文物出版社.2015年

（三）陕西省

46.**商洛东龙山**.陕西省考古研究院、商洛市博物馆（杨亚长等）.科学出版社.2011年.32—186页

47.**华县东阳遗址考古报告（2014）**.陕西省考古研究院（徐卫红等）.科学出版社.2018年

（四）湖北省

48.**盘龙城——1963年～1994年考古发掘报告**.湖北省文物考古研

究所（陈贤一等）.文物出版社.2001年.22—26页、80—113页、149—151页、220—221页、303—310页

49.**荆州荆南寺**.荆州博物馆（王宏等）.文物出版社.2009年.31—148页

二、简报

（一）河南省

50.**河南浚县大赉店史前遗址**.刘耀.田野考古报告（第一册）（李济等）.商务印书馆.1936年.69—89页

51.**豫东商邱永城调查及造律台黑孤堆曹桥三处小发掘**.李景聃.《考古学报》1947年第2期.83—120页

52.**河南登封县玉村古文化遗址概况**.韩维周、丁伯泉、张永杰、孙宝德.文物参考资料1954年第6期.18—24页

53.**安阳、汤阴县发现新石器时代遗址**.周到.考古通讯1955年第5期.55—56页

54.**河南信阳市阳山新石器时代遗址试掘记**.河南省文物工作队信阳发掘小组（李绍会）.文物参考资料1955年第8期.59—67页

55.**八个月来的郑州文物工作概况**.河南文物工作队第一队（尹焕章）.文物参考资料1955年第9期.56—58页

56.**洛阳涧西孙旗屯古遗址**.河南文物工作队第二队孙旗屯清理小组（裴明相）.文物参考资料1955年第9期.58—64页

57.**记河南省潢川、商城、光山所见的几处古代文化遗址**.赵全嘏.文物参考资料1955年第11期.67—73页

58.**洛阳专区文管会勘察偃师县灰嘴村古文化遗址**.寇金昌.文物参考资料1956年第1期.64—65页

59.**洛阳涧滨古文化遗址及汉墓**.中国科学院考古研究所洛阳发掘队（郭宝钧）.考古学报1956年第1期.11—28页

60.**洛宁县洛河两岸古遗址调查简报**.李健永、裴琪、贾峨.考古通讯1956年第2期.51—53页

61.**郑州地区古代遗存介绍**.安金槐.文物参考资料1957年第8期.16—20页

62.**郑州洛达庙商代遗址试掘简报**.河南省文化局文物工作队第一队（陈嘉祥）.文物参考资料1957年第10期.48—51页

63.**郑州旭旮王村遗址发掘报告**.河南省文化局文物工作队第一队（赵青云）.考古学报1958年第3期.41—62页

64.**郑州牛砦龙山文化遗址发掘报告**.河南省文化局文物工作队（安金槐）.考古学报1958年第4期.19—26页

65.**河南修武、获嘉、辉县发现古文化遗址**.李德宝.考古通讯1958年第5期.33页

66.**河南信阳三里店遗址发掘报告**.河南省文化局文物工作队（安金槐）.考古学报1959年第1期.1—12页

67.**河南陕县七里铺第一、二区发掘概要**.黄河水库考古队河南分队.考古1959年第4期.176—180页

68.**河南新乡龙山文化遗址调查**.周到.考古1959年第9期.477—478页

69. **1958年洛阳东干沟遗址发掘简报**.考古研究所洛阳发掘队.考古1959年第10期.537—540页

70. **1959年夏豫西调查“夏墟”的初步报告**.徐旭生.考古1959年第

11期.592—600页

71.**河南偃师灰嘴遗址发掘简报**.河南省文化局文物工作队（刘胡兰小队）.文物1959年第12期.41—42页

72.**郑州上街商代遗址的发掘**.河南省文化局文物工作队（刘胡兰小队）.考古1960年第6期.11—12页

73.**河南陕县七里铺商代遗址的发掘**.黄河水库考古工作队河南分队（阳吉昌）.考古学报1960年第1期.25—49页

74.**临汝夏店发现商代文化遗址**.倪自励.文物1961年第1期.75页

75. **1959年豫西六县调查简报**.中国科学院考古研究所洛阳发掘队.考古1961年第1期.29—32页

76. **1959年河南偃师二里头试掘简报**.中国科学院考古研究所洛阳发掘队.考古1961年第2期.82—85+81页

77.**河南荥阳河王新石器时代遗址**.河南省文化局文物工作队（贾峨）.考古1961年第2期.94—98页

78.**河南偃师县灰咀商代遗址的调查**.河南省文化局文物工作队（刘胡兰小队）.考古1961年第2期.99页

79.**洛阳王湾遗址发掘简报**.北京大学考古实习队（李仰松）.考古1961年第4期.175—178页

80.**河南鲁山邱公城古遗址的发掘**.河南省文化局文物工作队（张建中）.考古1962年第11期.557—561页

81.**河南偃师汤泉沟新石器时代遗址的试掘**.河南省文化局文物工作队（刘笑春）.考古1962年第11期.562—565+600页

82.**河南偃师商代和西周遗址调查简报**.中国科学院考古研究所洛阳发掘队（赵芝荃）.考古1963年第12期.649—653页

83.**河南偃师仰韶及商代遗址**.杨育彬.考古1964年第3期.161—162

页

84.**河南栾川合峪的龙山遗址**.李京华.考古1964年第3期.162—163页

85.**河南渑池鹿寺商代遗址试掘简报**.河南省文化局文物工作队（陈焕玉）.考古1964年第9期.435—440页

86.**河南偃师伊河南岸考古调查试掘报告**.北京大学历史系洛阳考古实习队（李仰松）.考古1964年第11期.543—549+590页

87.**河南偃师酒流沟新石器时代遗址的调查**.董详.考古1965年第1期.40—41页

88.**河南襄城县发现一处龙山文化遗址**.赵世纲.考古1965年第1期.41页

89.**河南鄢陵扶沟商水几处古文化遗址的调查**.刘东亚.考古1965年第2期.94—96页

90.**河南偃师二里头遗址发掘简报**.中国科学院考古研究所洛阳发掘队（方酉生）.考古1965年第5期.215—224页

91.**安阳洹河流域几个遗址的试掘**.中国科学院考古研究所安阳发掘队（杨锡璋）.考古1965年第7期.326—338页

92.**河南泌阳板桥新石器时代遗址的调查和试掘**.河南省文化局文物工作队（安金槐）.考古1965年第9期.433—439页

93.**河南郑州上街商代遗址发掘报告**.河南省文化局文物工作队（王与刚）.考古1966年第1期.1—7页

94.**河南新乡刘庄营新石器时代遗址**.新乡市博物馆（齐泰定）.考古1966年第3期.168—170页

95. **1972年春安阳后冈发掘简报**.中国科学院考古研究所安阳工作队.考古1972年第5期.8—19页

96.**河南淅川下王岗遗址的试掘**.河南省博物馆、长江流域规划办公室文物考古队河南分队.文物1972年第10期.6—15+28页

97.**河南偃师二里头早商宫殿遗址发掘简报**.中国科学院考古研究所二里头工作队.考古1974年第4期.234—248页

98.**河南临汝煤山遗址调查与试掘**.洛阳博物馆（方孝廉）.考古1975年第5期.285—294页

99.**河南偃师二里头遗址三、八区发掘简报**.中国科学院考古研究所二里头工作队.考古1975年第5期.302—309+294页

100.**偃师二里头遗址新发现的铜器和玉器**.中国科学院考古研究所二里头工作队.考古1976年第4期.259—263页

101.**汤阴白营发现一处龙山文化晚期聚落遗址**.安阳地区文物管理委员会.河南文博通讯1977年第1期.37—39页

102.**一九七七年上半年告成遗址的调查发掘**.河南省博物馆登封工作站.河南文博通讯1977年第2期.41—43页

103.**一九七七年下半年登封告成遗址的调查发掘**.河南省博物馆登封工作站.河南文博通讯1978年第1期.30—31页

104.**一九七八年上半年登封告成遗址的发掘**.河南省博物馆登封工作站.河南文博通讯1978年第3期.12—13页

105.**洛阳矬李遗址试掘简报**.洛阳博物馆（隋裕仁）.考古1978年第1期.5—17页

106.**洛阳东马沟二里头类型墓葬**.洛阳博物馆（方孝廉）.考古1978年第1期.18—22页

107. **1975年豫西考古调查**.中国社会科学院考古研究所洛阳工作队.考古1978年第1期.23—34页

108. **1977年河南永城王油坊遗址发掘概况**.商丘地区文物管理委

员会、中国社会科学院考古研究所洛阳工作队.考古1978年第1期.35—40+64页

109.**孟津小潘沟遗址试掘简报**.洛阳博物馆（宋云涛）.考古1978年第4期.244—255+240页

110.**二里头遗址出土的铜器和玉器**.偃师县文化馆.考古1978年第4期.270页

111.**郑州大河村遗址发掘报告**.郑州市博物馆（李昌韬）.考古学报1979年第3期.301—375页

112.**新乡地区文物普查的主要收获**.新乡地区博物馆（刘锡祥）.河南文博通讯1979年第3期.47—49+29页

113.**安阳八里庄龙山文化遗址发掘情况**.安阳地区文管会.河南文博通讯1979年第3期.75+71页

114.**河南开封地区新石器时代遗址调查简报**.开封地区文物管理委员会（崔耕）.考古1979年第3期.206—208+222页

115.**河南禹县谷水河遗址发掘简报**.河南省博物馆.考古1979年第4期.300—307页

116.**安阳八里庄龙山遗址发掘简报**.安阳地区文管会（李秀萍）.河南文博通讯1980年第2期.19—27页

117.**密县古文化遗址概述**.魏殿臣、谷洛群.河南文博通讯1980年第3期.28—38页

118.**一九七五年洛阳考古调查**.洛阳博物馆（叶万松）.河南文博通讯1980年第4期.9—12页

119.**河南汤阴白营龙山文化遗址**.安阳地区文物管理委员会（方西生）.考古1980年第3期.193—202页

120.**郸城段寨遗址试掘**.曹桂岑.中原文物1981年第3期.4—8页

121. **1977年豫东考古纪要**.中国社会科学院考古研究所河南二队、商丘地区文物管理委员会（赵芝荃）.考古1981年第5期.385—397页

122.**河南密县新砦遗址的试掘**.中国社会科学院考古研究所河南二队（赵芝荃）.考古1981年第5期.398—408页

123.**河南新郑县望京楼出土的铜器和玉器**.新郑县文化馆（薛文灿）.考古1981年第6期.556页

124.**洛阳西高崖遗址试掘简报**.洛阳博物馆（曾意丹）.文物1981年第7期.39—48页

125.**河南荥阳西史村遗址试掘简报**.郑州市博物馆.文物资料丛刊（5）.文物出版社.1981年.84—102页

126.**河南登封程窑遗址试掘简报**.赵会军、曾晓敏.中原文物1982年第2期.9—13页

127.**洛阳西吕庙龙山文化遗址发掘简报**.洛阳市文物工作队（贺官保）.中原文物1982年第3期.2—7页

128.**伊川白元遗址发掘简报**.洛阳地区文物处（郭引强）.中原文物1982年第3期.7—14页

129.**郑州马庄龙山文化遗址发掘简报**.郑州市博物馆（李昌韬）.中原文物1982年第4期.22—29页

130.**荥阳点军台遗址1980年发掘报告**.郑州市博物馆（赵清）.中原文物1982年第4期.1—21页

131.**河南临汝煤山遗址发掘报告**.中国社会科学院考古研究所河南二队（赵芝荃）.考古学报1982年第4期.427—476页

132.**安阳后冈新石器时代遗址的发掘**.中国社会科学院考古研究所安阳工作队.考古1982年第6期.565—583页

133.**登封王城岗遗址的发掘**.河南省文物研究所、中国历史博物馆考古部（安金槐）.文物1983年第3期.8—20页

134.**禹县瓦店遗址发掘简报**.河南省文物研究所、郑州大学历史系考古专业（贾洲杰）.文物1983年第3期.37—45页

135.**河南淮阳平粮台龙山文化城址试掘简报**.河南省文物研究所、周口地区文化局文物科（曹桂岑）.文物1983年第3期.21—36页

136.**河南洛阳吉利东杨村遗址**.洛阳市文物工作队（隋裕仁）.考古1983年第2期.101—115页

137.**河南商丘县坞墙遗址试掘简报**.商丘地区文物管理委员会、中国社会科学院考古研究所河南二队（刘忠伏）.考古1983年第2期.116—121+132页

138. **1980年秋河南偃师二里头遗址发掘简报**.中国社会科学院考古研究所二里头队（杨国忠）.考古1983年第3期.199—205+219页

139.**河南偃师二里头二号宫殿遗址**.中国社会科学院考古研究所二里头队（赵芝荃）.考古1983年第3期.206—216页

140.**河南伊川马迴营遗址试掘简报**.洛阳地区文物保护管理处（郭引强）.考古1983年第11期.1039—1041页

141.**郑州阎庄龙山文化遗址发掘简报**.郑州市博物馆（张松林）.中原文物1983年第4期.1—8页

142.**孟津平乐新石器时代遗址调查**.朱亮.中原文物1983年第4期.112—113页

143.**汤阴白营河南龙山文化村落遗址发掘报告**.河南省安阳地区文物管理委员会（方酉生）.考古学集刊（第3集）.中国社会科学出版社.1983年.1—47页

144.**河南上蔡十里铺新石器时代遗址**.河南省驻马店地区文管会

(李芳芝).考古学集刊(第3集).中国社会科学出版社.1983年.69—80页

145. **1981年河南偃师二里头墓葬发掘简报**.中国社会科学院考古研究所二里头工作队(杨国忠).考古1984年第1期.37—40页

146.**河南邓县房山新石器时代遗址及秦汉墓调查**.南阳地区文物工作队、邓县文化馆(王建中).考古1984年第1期.91—92+96页

147.**偃师二里头遗址1980—1981年Ⅲ区发掘简报**.中国社会科学院考古研究所二里头工作队(郑光).考古1984年第7期.582—590页

148.**登封告成北沟遗址发掘简报**.河南省文物研究所(翟继才).中原文物1984年第4期.9—12页

149.**河南孟县西后津遗址发掘简报**.河南省文物研究所、新乡地区文管会、孟县文化馆(丁清贤).中原文物1984年第4期.1—8页

150.**河南周口地区考古调查简报**.中国社会科学院考古研究所河南二队、河南省周口地区文物管理委员会(赵芝荃).考古学集刊(第4集).中国社会科学出版社.1984年.40—63页

151.**渑池仰韶遗址1980—1981年发掘报告**.河南省文物研究所、渑池县文化馆(赵会军).史前研究1985年第3期.38—80页

152. **1979年安阳后冈遗址发掘报告**.中国社会科学院考古研究所安阳工作队(杨宝成).考古学报1985年第1期.33—88页

153.**河南新乡县洛丝潭遗址试掘简报**.新乡地区文管会、新乡县文化馆(刘习祥).考古1985年第2期.97 107页

154.**河南临汝柏树圪垯遗址出土的遗物**.临汝县文化馆(杨澍).考古1985年第3期.282—283页

155. **1982年秋偃师二里头遗址九区发掘简报**.中国社会科学院考古研究所二里头队(刘忠伏).考古1985年第12期.1085—1093+1108页

156.**二里头遗址**.赵芝荃.中国大百科全书·考古学.中国大百科全书出版社.1986年.118—119页

157.**登封王城岗遗址铜器残片出土记**.李先登.文物天地1986年第4期.44—46页

158.**河南许昌丁庄遗址试掘**.中国社会科学院考古研究所河南一队（郑乃武）.考古1986年第3期.278—280页

159. **1984年秋河南偃师二里头遗址发现的几座墓葬**.中国社会科学院考古研究所二里头工作队（杨国忠）.考古1986年第4期.318—323页

160.**郑州市陈庄遗址发掘简报**.郑州市博物馆（陈立信）.中原文物1986年第2期.27—40页

161.**豫北洹水两岸古代遗址调查简报**.安阳市博物馆（孟宪武）.中原文物1986年第3期.1—8页

162.**郑州市西北郊区考古调查简报**.张松林.中原文物1986年第4期.1—11页

163.**濮阳市郊区考古调查简报**.马连成、廖永民.中原文物1986年第4期.12—19页

164.**郑州市站马屯遗址发掘报告**.河南省文物研究所、文化部文物局郑州培训中心（翟继才）.华夏考古1987年第2期.3—46页

165.**渑池县郑窑遗址发掘报告**.河南省文物研究所、渑池县文化馆（张居中）.华夏考古1987年第2期.47—95页

166.**洛阳市一九八四年古文化遗址调查简报**.方孝廉.中原文物1987年第3期.3—18页

167.**伊川土门、水寨新石器时代遗址调查简报**.洛阳市第二文物工作队、伊川县文化馆.中原文物1987年第3期.19—22+97页

168.**河南永城王油坊遗址发掘报告**.中国社会科学院考古研究所河南二队、河南商邱地区文物管理委员会（郑光）.考古学集刊（第5集）.中国社会科学出版社.1987年.79—119页

169.**襄城县台王遗址试掘简报**.河南省文物研究所（杨振威）.中原文物1988年第1期.7—13页

170.**武陟县保安庄遗址调查简报**.河南省文物研究所（宋国定）.中原文物1988年第3期.1—4+7页

171.**禹县吴湾遗址试掘简报**.河南省文物研究所、禹县文管会（姜涛）.中原文物1988年第4期.5—10页

172.**河南鹿邑栾台遗址发掘简报**.河南省文物研究所（张文军）.华夏考古1989年第1期.1—14页

173.**陕县西崖村遗址的发掘**.河南省文物研究所（翟继才）.华夏考古1989年第1期.15—47页

174.**信阳孙砦遗址发掘报告**.河南省文物研究所（黄士斌）.华夏考古1989年第2期.1—68页

175.**郑州洛达庙遗址发掘报告**.河南省文物研究所（安金槐）.华夏考古1989年第4期.48—77页

176.**河南辉县丰城遗址调查简报**.新乡市文管会、辉县百泉文管所（刘习祥）.考古1989年第3期.193—198页

177.**淅川下集新石器时代遗址发掘报告**.原长办考古队河南分队（汤文兴）.中原文物1989年第1期.1—19页

178.**安阳大寒村南岗遗址**.中国社会科学院考古研究所安阳队（傅宪国）.考古学报1990年第1期.43—68页

179.**河南济源苗店遗址发掘简报**.中国历史博物馆考古部、河南省新乡地区文管会、河南省济源县文物保管所（李先登）.考古与文

物1990年第6期.1—17页

180.**河南偃师灰嘴遗址发掘报告**.河南省文物研究所（罗桃香）.华夏考古1990年第1期.1—33页

181.**河南临汝北刘庄遗址发掘报告**.河南省文物研究所（袁广阔）.华夏考古1990年第2期.11—42页

182.**河南淅川黄楝树遗址发掘报告**.长江流域规划办公室考古队河南分队（裴明相）.华夏考古1990年第3期.1—69页

183.**河南乳香台遗址的发掘**.河南省文物研究所、周口地区文化局（张志清）.华夏考古1990年第4期.1—13页

184.**河南武陟东石寺遗址调查简报**.新乡地区文管会、武陟县博物馆（张新斌）.考古1990年第3期.193—199页

185.**河南信阳南山咀新石器时代遗址试掘简报**.中国社会科学院考古研究所河南一队（王吉怀）.考古1990年第5期.385—389页

186.**河南巩县水地河新石器遗址调查**.廖永民、王保仁.考古1990年第11期.961—968页

187.**河南郾城郝家台遗址出土的陶瓶和陶鬶**.杨清.华夏考古1991年第2期.109—110+64页

188.**淮阳平粮台龙山文化城址出土的陶甗和陶水管**.曹桂岑.华夏考古1991年第2期.111—112页

189.**临汝煤山遗址1987—1988年发掘报告**.河南省文物研究所（袁广阔）.华夏考古1991年第3期.5—23+4页

190.**河南禹县颍河两岸考古调查与试掘**.河南省文物研究所、禹县文管会（姜涛）.考古1991年第2期.97—109+146页

191.**河南偃师二里头遗址发现新的铜器**.中国社会科学院考古研究所二里头工作队（郑光）.考古1991年第12期.1138—1139页

192.**河南杞县朱岗遗址试掘报告**.郑州大学考古专业、开封市博物馆、杞县文物保管所（宋豫秦）.华夏考古1992年第1期.1—27页

193. **1991年河南罗山考古主要收获**.河南省文物研究所、信阳地区文物管理委员会、罗山县文物管理委员会（张志清）.华夏考古1992年第3期.45—61页

194.**郾城郝家台遗址的发掘**.河南省文物研究所、郾城县许慎纪念馆（曹桂岑）.华夏考古1992年第3期.62—91页

195.**河南荥阳县阎河遗址的调查与试掘**.郑州市文物工作队（张松林）.中原文物1992年第1期.77—84页

196.**河南省新郑县新发现的商代铜器和玉器**.赵炳焕、白秉乾.中原文物1992年第1期.85—90页

197.**河南内乡县部分新石器时代遗址调查简报**.内乡县综合博物馆（徐新华）.考古与文物1992年第1期.1—4页

198.**巩义市坞罗河流域河南龙山文化遗址调查**.巩义市文管所（赵海星）.中原文物1992年第4期.32—42页

199.**巩义市坞罗河流域二里头文化、商、周文化遗存调查**.巩义市文管所（刘洪淼）.中原文物1992年第4期.43—51页

200. **1987年偃师二里头遗址墓葬发掘简报**.中国社会科学院考古研究所二里头工作队（杜金鹏）.考古1992年第4期.294—303页

201.**河南巩县稍柴遗址发掘报告**.河南省文物研究所（陈焕玉）.华夏考古1993年第2期.1—45页

202.**河南密县黄寨遗址的发掘**.河南省文物研究所（樊温泉）.华夏考古1993年第3期.1—10页

203.**洛汭地带河南龙山与二里头文化遗存调查**.河南省社科院河洛文化研究所、河南省巩义市文物保护管理所（赵海星）.中原文物

1994年第1期.80—90页

204.**河南汝州李楼遗址的发掘**.中国社会科学院考古研究所河南一队（吴耀利）.考古学报1994年第1期.63—97页

205.**河南武陟大司马遗址调查简报**.杨贵金、张立东、毋建庄.考古1994年第4期.289—300页

206.**河南杞县鹿台岗遗址发掘简报**.郑州大学考古专业、开封市文物工作队、杞县文物管理所（张国硕）.考古1994年第8期.673—682页

207.**河南邓州八里岗遗址的调查与试掘**.北京大学考古系、南阳地区文物研究所（樊力）.华夏考古1994年第2期.1—5页

208.**河南杞县牛角岗遗址试掘报告**.郑州大学历史系考古专业、开封市博物馆考古部、杞县文物保管所.华夏考古1994年第2期.6—27页

209.**再现古都历史的辉煌——洛阳地区重要考古发现概述**.段鹏琦.文史知识1994年第3期.94—99+87页

210.**洛汭地带商周文化遗存调查**.河南社科院河洛文化研究所、河南巩义市文物保护管理所（张笑东）.中原文物1994年第4期.110—114页

211.**商丘地区重要考古发现概述**.郑清森.黄淮学刊（社会科学版）1994年第3期.95—99页

212.**河南巩义市里沟遗址发掘简报**.郑州市文物工作队、巩义市文物保管所（王文华）.考古1995年第6期.526—542页

213.**河南驻马店市杨庄遗址发掘简报**.北京大学考古系、驻马店市文物保护管理所（宋豫秦）.考古1995年第10期.873—882页

214.**豫东北考古调查与试掘**.北京大学考古学系、濮阳市文物保

管所（宋豫秦）.考古1995年第12期.1064—1075页

215.**河南巩义市洛汭地带古代遗址调查**.河南省社科院河洛文化研究所、河南省巩义市文物保护管理所（崔耀银）.考古学集刊（第9集）.科学出版社.1995年.1—44页

216.**郑州大河村遗址1983、1987年发掘报告**.郑州市文物工作队、郑州市大河村遗址博物馆（李昌韬）.考古学报1996年第1期.111—141页

217. **1991年唐白河流域及淮源史前遗址的考古调查**.北京大学考古实习队、河南省南阳市文物研究所（樊力）.江汉考古1996年第2期.1—10页

218.**河南驻马店市党楼遗址的发掘**.北京大学考古系、驻马店市文物保护管理所（韩建业）.考古1996年第5期.1—9页

219.**河南伊川县南寨二里头文化墓葬发掘简报**.河南省文物考古研究所（袁广阔）.考古1996年第12期.36—43页

220.**洛阳市偃师县高崖遗址发掘报告**.洛阳市第二文物工作队、偃师县文物管理委员会（方孝廉）.华夏考古1996年第4期.1—18页

221.**河南荥阳竖河遗址发掘报告**.河南省文物研究所（张志清）.考古学集刊（第10集）.地质出版社.1996年.1—47页

222.**河南淇县宋窑遗址发掘报告**.北京大学考古系商周组（张立东）.考古学集刊（第10集）.地质出版社.1996年.89—160页

223.**河南商丘地区殷商文明调查发掘初步报告**.张长寿、张光直.考古1997年第4期.24—31页

224.**河南郑州市八里岗遗址1992年的发掘与收获**.北京大学考古学系、南阳地区文物研究所（樊力）.考古1997年第12期.1—7页

225. **1982、1985年河南郑州市大河村遗址发掘**.郑州市文物考

古研究所（李昌韬）.考古学集刊（第11集）.中国大百科全书出版社.1997年.32—83页

226.**河南新安县太涧遗址发掘简报——黄河小浪底淹没区考古发掘简报之一**.洛阳市文物工作队、新安县文物保护管理所（刘富良）.考古与文物1998年第1期.3—21页

227.**河南颍河上游考古调查中运用GPS与GIS的初步报告**.中国河南省文物考古研究所、美国密苏里州立大学人类学系（许天申）.华夏考古1998年第1期.1—16页

228.**河南省登封矿区铁路登封伊川段古遗址调查发掘报告**.河南省文物考古研究所（靳松安）.华夏考古1998年第2期.5—27页

229.**河南省孟州市义井遗址调查简报**.焦作市文物处、孟州市博物馆（郭建设）.华夏考古1998年第2期.1—4页

230.**郑州大河村遗址发掘记实**.李昌韬.河南文史资料1998年第三辑.24—33页

231.**大司马遗址保护发掘追记**.杨贵金.文物天地1998年第4期.13—15页

232.**河南孟县许村新石器时代遗址**.河南省文物考古研究所（赵新平）.考古1999年第2期.41—54页

233.**河南淇县王庄龙山文化遗址发掘简报**.河南省文物考古研究所（袁广阔）.考古1999年第5期.1—14页

234.**河南方城县八里桥遗址1994年春发掘简报**.北京大学考古学系、南阳市文物研究所、方城县博物馆（李维明）.考古1999年第12期.16—27页

235.**河南邓州市穰东遗址的发掘**.河南省文物考古研究所（樊温泉）.华夏考古1999年第2期.7—24页

236.**河南固始平寨古城遗址发掘报告**.北京大学考古学系、信阳地区文物管理委员会（李维明）.考古学报2000年第3期.331—358页

237.**河南新密市新砦遗址1999年试掘简报**.北京大学考古文博院、郑州市文物考古研究所（赵春青）.华夏考古2000年第4期.3—10页

238.**河南禹州市瓦店龙山文化遗址1997年的发掘**.河南省文物考古研究所（方燕明）.考古2000年第2期.16—39页

239.**河南辉县市孟庄龙山文化遗址发掘简报**.河南省文物考古研究所（袁广阔）.考古2000年第3期.1—20页

240.**河南省新密市发现龙山时代重要城址**.蔡全法、马俊才、郭木森.中原文物2000年第5期.4—9页

241.**河南邓州八里岗遗址1998年度发掘简报**.北京大学考古文博院、南阳地区文物研究所（张弛）.文物2000年第11期.23—31页

242.**河南夏邑清凉山遗址发掘报告**.北京大学考古学系、商丘地区文管会（李伯谦）.考古学研究（四）.科学出版社.2000年.443—519页

243.**二里头遗址田野工作的新进展**.中国社会科学院考古研究所二里头工作队.中国社会科学院古代文明研究中心通讯第1期2001年

244.**二里头遗址首次发现青铜钺**.中国社会科学院考古研究所二里头工作队.中国社会科学院古代文明研究中心通讯第2期2001年

245.**河南偃师市二里头遗址发现一件青铜钺**.中国社会科学院考古研究所二里头工作队（许宏）.考古2002年第11期.31—34页

246.**遥感与航空摄影考古在中国的首次尝试——河南洛阳地区航空摄影考古勘察工作追记**.杨林.中国历史文物2002年第3期.24—28页

247.**河南新密市古城寨龙山文化城址发掘简报**.河南省文物考古研究所、新密市炎黄历史文化研究会（蔡全法）.华夏考古2002年第2

期.53—82页

248.**河南省淅川双河镇遗址发掘简报**.北京大学考古学系、南阳市文物考古研究所.考古与文物2002年增刊先秦考古.12—22+38页

249.**河南新密曲梁遗址1988年春发掘报告**.北京大学考古文博学院（李维明）.考古学报2003年第1期.44—88页

250.**郑州商城新发现的几座商墓**.河南省文物考古研究所（曾晓敏）.文物2003年第4期.4—20页

251.**大师姑遗址2002年度的发掘收获**.郑州市文物考古研究所、荥阳市文物保护管理所（王文华）.古代文明研究通讯第16期2003年.26—44页

252.**巩县花地嘴遗址发现“新砦期”遗存**.顾万发、张松林.古代文明研究通讯第18期2003年.37—45页

253.**河南偃师灰嘴遗址发掘的新收获**.中国社会科学院考古研究所河南一队.中国社会科学院古代文明研究中心通讯第5期2003年.36—39页

254.**二里头遗址宫殿区考古取得重要成果**.中国社会科学院考古研究所二里头工作队.中国社会科学院古代文明研究中心通讯第5期2003年.50—53页

255.**新密市新砦遗址聚落布局探索的新进展**.中国社会科学院考古研究所河南新砦队、郑州市文物考古研究所.中国社会科学院古代文明研究中心通讯第8期2004年.56—60页

256.**二里头遗址2003—2004年田野考古新收获**.中国社会科学院考古研究所二里头工作队.中国社会科学院古代文明研究中心通讯第8期2004年

257.**河南新乡李大召遗址2002年秋发掘简报**.郑州大学考古专

业、新乡地区文物管理委员会、新乡县文物保护管理所（韩国河）.考古与文物2004年第5期.3—19页

258.**河南省新密市新砦遗址2000年发掘简报**.北京大学古代文明研究中心、郑州市文物考古研究所（赵春青）.文物2004年第3期.4—20页

259.**河南荥阳大师姑遗址2002年度发掘简报**.郑州市文物考古研究所、荥阳市文物保护管理所（王文华）.文物2004年第11期.4—18页

260.**河南西平县上坡遗址发掘简报**.河南省文物考古研究所、驻马店市文物工作队、西平县文物管理所（余新宏）.考古2004年第4期.7—28页

261.**河南偃师市二里头遗址宫城及宫殿区外围道路的勘察与发掘**.中国社会科学院考古研究所二里头工作队（许宏）.考古2004年第11期.3—13页

262.**河南偃师市二里头遗址4号夯土基址发掘简报**.中国社会科学院考古研究所二里头工作队（许宏）.考古2004年第11期.14—22页

263.**豫东商丘地区考古调查简报**.郑州大学历史学院考古系（靳松安）.华夏考古2005年第2期.13—27页

264.**河南卫辉市倪湾遗址发掘简报**.新乡市文物工作队、卫辉市博物馆（刘习祥）.华夏考古2005年第3期.3—14+59页

265.**河南长垣宜丘遗址发掘简报**.郑州大学历史与考古系、新乡市文化局、长垣县文物管理所（李锋）.中原文物2005年第2期.4—17页

266.**河南新乡李大召遗址试掘简报**.郑州大学考古系、新乡地区文物管理委员会、新乡县文物保护管理所（韩国河）.中原文物2005年第3期.4—8页

267.**河南洛阳盆地2001～2003年考古调查简报**.中国社会科学院考古研究所二里头工作队（许宏）.考古2005年第5期.18—37页

268.**河南巩义市花地嘴遗址“新砦期”遗存**.郑州市文物考古研究所、北京大学考古文博学院（顾万发）.考古2005年第6期.3—6页

269.**郑州市岔河遗址1988年试掘简报**.北京大学考古系（李维明）.考古2005年第6期.17—31页

270.**河南偃师市二里头遗址中心区的考古新发现**.中国社会科学院考古研究所二里头工作队（许宏）.考古2005年第7期.15—20页

271.**河南登封王城岗遗址考古新发现**.河南省文物考古研究所（方燕明）.2004中国重要考古发现.文物出版社.2005年.40—43页

272.**河南偃师二里头遗址中心区**.国家文物局.2004中国重要考古发现.文物出版社.2005年.48—52页

273.**中华文明探源工程新进展：二里头遗址中心区的继续探索**.许宏、何驽、方燕明.中国社会科学院院报2006年2月28日

274.**河南新密市新砦城址中心区发现大型浅穴式建筑**.中国社会科学院考古研究所、郑州市文物考古研究所（赵春青）.考古2006年第1期.3—6页

275.**河南登封市王城岗遗址2002、2004年发掘简报**.北京大学考古文博学院、河南省文物考古研究所（方燕明）.考古2006年第9期.3—15页

276.**河南登封南洼遗址2004年春试掘简报**.郑州大学历史学院考古系、郑州市文物考古研究所（韩国河）.中原文物2006年第3期.4—12+22页

277.**二里头遗址2004~2006年田野考古的主要收获**.中国社会科学院考古研究所二里头工作队.中国社会科学院古代文明研究中心通讯

第12期2006年.62—65页

278.**河南邓州太子岗遗址复查记**.北京大学考古实习队（张弛）.古代文明（第5卷）.文物出版社.2006年.333—346页

279.**新乡李大召遗址发掘收获概述**.韩国河、赵海洲、张继华.中原地区文明化进程学术研讨会文集.科学出版社.2006年.326—328页

280. **2004年春季登封南洼遗址钻探试掘工作概述**.韩国河、张继华、张松林.中原地区文明化进程学术研讨会文集.科学出版社.2006年.333—336页

281.**河南荥阳市薛村遗址2005年度发掘简报**.河南省文物考古研究所（楚小龙）.华夏考古2007年第3期.3—21+82页

282.**河南三门峡市南家庄遗址的调查与试掘**.河南省文物考古研究所（李素婷）.华夏考古2007年第4期.56—97+105页

283.**河南卫辉市倪湾遗址发掘简报**.河南省文物考古研究所（赵清）.考古2007年第5期.3—18页

284.**濮阳戚城遗址龙山文化灰坑清理简报**.戚城文物景区管理处（李文颖）.中原文物2007年第5期.4—7页

285.**河南濮阳县高城遗址发掘简报**.河南省文物考古研究所、首都师范大学历史学院、濮阳市文物保护管理所（袁广阔）.考古2008年第3期.18—30页

286.**河南平顶山蒲城店遗址发掘简报**.河南省文物考古研究所、平顶山市文物局（魏兴涛）.文物2008年第5期.32—49页

287. **2008年南水北调工程文物保护项目淅川下王岗发掘新收获**.中国社会科学院考古研究所山西队、河南省南阳市文物局.中国社会科学院古代文明研究中心通讯第17期2009年.70—74页

288.**河南新密市新砦遗址2002年发掘简报**.中国社会科学院考古

研究所河南新砦队、郑州市文物考古研究院（赵春青）.考古2009年第2期.3—15页

289.**河南新密市新砦遗址东城墙发掘简报**.中国社会科学院考古研究所河南新砦队、郑州市文物考古研究院（赵春青）.考古2009年第2期.16—31页

290.**河南新密市新砦遗址浅穴式大型建筑基址的发掘**.中国社会科学院考古研究所河南新砦队、郑州市文物考古研究院（赵春青）.考古2009年第2期.32—47页

291.**河南新密市黄帝宫新石器时代遗址调查**.河南省文物考古研究所、新密市黄帝文化历史研究会、新密市文物保护管理所（蔡全法）.华夏考古2009年第2期.3—11+33页

292.**河南郑州芦村河遗址**.河南郑州市普查办.2008年第三次全国文物普查重要新发现.科学出版社.2009年.19页

293.**垣曲苗圃遗址发掘报告**.山西大学文博学院、山西省考古研究所（王小娟）.而立集——山西大学考古专业成立30周年纪念文集.科学出版社.2009年.103—191页

294.**河南偃师市灰嘴遗址西址2004年发掘简报**.中国社会科学院考古研究所河南第一工作队（陈星灿）.考古2010年第2期.36—46页

295.**河南偃师市灰嘴遗址2006年发掘简报**.中国社会科学院考古研究所河南第一工作队（李永强）.考古2010年第4期.3—13页

296.**河南博爱县西金城龙山文化城址发掘简报**.河南省文物管理局南水北调文物保护办公室、山东大学考古系（王青）.考古2010年第6期.22—35页

297. **2002-2003年河南偃师灰嘴遗址的发掘**.中国社会科学院考古研究所河南第一工作队（陈星灿）.考古学报2010年第3期.393—422页

298.**河南郾城县庙岗遗址调查简报**.河南省文物考古研究所、漯河市文化局、郾城县文化局（蔡全法）.华夏考古2010年第4期.3—14页

299.**河南淮滨县黄土城地区区域考古调查简报**.河南省文物考古研究所、武汉大学考古学系（任新雨）.华夏考古2010年第4期.15—31页

300.**蒲城店遗址**.魏兴涛.文史知识2010年第11期.143—146页

301.**河南淅川县下寨遗址2009—2010年发掘简报**.河南省文物考古研究所、河南省文物局南水北调文物保护办公室（楚小龙）.华夏考古2011年第2期.3—20页

302.**登封南洼2004～2006年二里头文化聚落发掘简报**.郑州大学历史学院考古系、郑州市文物考古研究院（张继华）.中原文物2011年第6期.4—19+36页

303.**河南汝州市煤山龙山文化墓葬发掘简报**.河南省文物考古研究所、首都师范大学历史学院、郑州大学历史学院（袁广阔）.考古2011年第6期.3—10页

304.**河南民权县牛牧岗遗址发掘简报**.郑州大学历史学院考古系、商丘市文物局、民权县文化局（张国硕）.考古2012年第2期.3—17页

305.**河南省濮阳市铁丘遗址2012年发掘简报**.首都师范大学、濮阳市文物保管所（朱光华）.中原文物2013年第6期.4—12页

306.**荥阳娘娘寨遗址二里头文化遗存发掘简报**.郑州市文物考古研究院、河南省文物管理局南水北调文物保护办公室（张松林）.中原文物2014年第1期.4—12页

307.**河南省濮阳市铁丘遗址2014年发掘简报**.首都师范大学、濮阳

市文物保护管理所（赵雅楠）.洛阳考古2014年第4期.3—17页

308.**河南新郑龙湖兴田遗址龙山文化遗存发掘简报**.河南省文物考古研究院（樊温泉）.华夏考古2015年第2期.3—25页

309.**河南偃师市二里头遗址墙垣和道路2012～2013年发掘简报**.中国社会科学院考古研究所二里头工作队（陈国梁）.考古2015年第1期.40—57页

310.**河南禹州市前后屯遗址龙山文化遗存发掘简报**.山东大学考古与博物馆学系、河南省文物局南水北调文物保护办公室（史本恒）.考古2015年第4期.3—22页

311.**河南偃师市二里头遗址宫殿区1号巨型坑的勘探与发掘**.中国社会科学院考古研究所二里头工作队（李志鹏）.考古2015年第12期.18—37页

312.**河南省郑州市索、须、枯河流域考古调查报告**.郑州市文物考古研究院、北京大学考古文博学院（侯卫东）.古代文明（第10卷）.上海古籍出版社.2016年.301—374页

313.**河南郾城县皇寓遗址二里头文化遗存发掘简报**.河南省文物考古研究院、首都师范大学历史学院（袁广阔）.考古2017年第2期.52—68页

314.**河南淅川下寨遗址龙山时代末期至二里头早期墓葬发掘简报**.河南省文物考古研究院、河南省文物局南水北调文物保护办公室（楚小龙）.华夏考古2017年第3期.59—70页

315.**河南漯河郝家台遗址2015-2016年田野考古主要收获**.北京大学考古文博学院、河南省文物考古研究院、漯河市文物考古研究所（张海）.华夏考古2017年第3期.14—49页

316.**河南驻马店张楼遗址龙山遗存的发掘**.河南省文物考古研究

院、郑州大学历史学院（崔天兴）.华夏考古2017年第3期.50—58+144页

317.河南淅川沟湾遗址王湾三期文化遗存发掘简报.郑州大学历史学院、河南省文物局南水北调文物保护办公室（靳松安）.华夏考古2017年第3期.71—83+108页

318.河南正阳贾庄遗址12号墓的发掘.河南省文物考古研究院、驻马店市文物考古管理所（齐雪义）.华夏考古2017年第3期.84—88页

319.禹州瓦店环壕聚落考古收获.河南省文物考古研究院、北京大学考古文博学院（方燕明）.华夏考古2018年第1期.3—29页

320.河南新密市新砦遗址王嘴西地发掘简报.中国社会科学院考古研究所河南新砦队、郑州市文物考古研究院、河南大学古代文明研究中心（魏继印）.考古2018年第3期.26—43页

321.河南南阳市王营二里头文化水井发掘.南阳市文物考古研究所（李长周）.华夏考古2019年第3期.14—17页

322.河南新密古城寨城址2016~2017年度发掘简报.河南省文物考古研究院（张小虎）.华夏考古2019年第4期.3—13+27页

323.河南淮阳平粮台遗址2018年度发掘简报.河南省文物考古研究院、北京大学考古文博学院、周口市文物考古管理所、淮阳县平粮台管理处（曹艳朋）.华夏考古2019年第4期.14—27页

（二）山西省

324.临汾运城两专署七县的文物勘察.崔斗辰.文物参考资料1952年第1期.24—40页

325.晋南——文物的宝库.顾铁符.文物参考资料1956年第10

期.22—24页

326.**晋西南地区新石器时代和商代遗址的调查与发掘**.中国科学院考古研究所山西工作队（张彦煌）.考古1962年第9期.459—464页

327.**山西芮城东庄村和西王村遗址的发掘**.中国科学院考古研究所山西工作队.考古学报1973年第1期.1—63页

328.**山西襄汾县陶寺遗址发掘简报**.中国社会科学院考古研究所山西工作队、临汾地区文化局（高天麟）.考古1980年第1期.18—31页

329.**山西夏县东下冯遗址东区、中区发掘简报**.东下冯考古队（徐殿魁）.考古1980年第2期.97—107页

330.**晋南二里头文化遗址的调查与试掘**.中国社会科学院考古研究所山西工作队（张岱海）.考古1980年第3期.203—210+278页

331. **1978—1980年山西襄汾陶寺墓地发掘简报**.中国社会科学院考古研究所山西工作队、临汾地区文化局（高炜）.考古1983年第1期.30—42页

332.**山西南部汾河流域考古调查**.李济.考古1983年第8期.759—766页

333.**山西汾阳县峪道河遗址调查**.山西省考古研究所（王克林）.考古1983年第11期.961—965+972页

334.**山西夏县东下冯龙山文化遗址**.中国社会科学院考古研究所、中国历史博物馆、山西省文物工作委员会东下冯考古队（黄石林）.考古学报1983年第1期.55—92页

335.**山西襄汾陶寺遗址首次发现铜器**.中国社会科学院考古研究所山西工作队、临汾地区文化局（张岱海）.考古1984年第12期.1069—1071+1068页

336.**山西石楼岔沟原始文化遗存**.中国社会科学院考古研究所山

西工作队（张长寿）.考古学报1985年第2期.185—208页

337.**山西垣曲古文化遗址的调查**.中国社会科学院考古研究所山西工作队（张岱海）.考古1985年第10期.875—884页

338. **1982—1984年山西垣曲古城东关遗址发掘简报**.中国历史博物馆考古部、山西省考古研究所、垣曲县博物馆（佟伟华）.文物1986年第6期.27—40+75页

339.**山西垣曲龙王崖遗址的两次发掘**.中国社会科学院考古研究所山西工作队（张岱海）.考古1986年第2期.97—111+131页

340.**山西洪洞县耿壁、侯村新石器时代遗址的调查**.山西省考古研究所、洪洞县博物馆（丁建平）.考古1986年第5期.394—396+403页

341.**陶寺遗址1983—1984年Ⅱ区居住址发掘的主要收获**.中国社会科学院考古研究所山西工作队、山西省临汾地区文化局（高天麟）.考古1986年第9期.773—781页

342.**陶寺遗址七年来的发掘工作汇报**.高天麟.晋文化研究座谈会纪要.山西省考古研究所1986年.20—25页

343.**晋西南三县市古文化遗址的调查**.张文君、高青山.考古与文物1987年第4期.3—16页

344.**山西襄汾县大柴遗址发掘简报**.中国社会科学院考古研究所山西工作队（高天麟）.考古1987年第7期.586—596+652页

345.**山西垣曲丰村新石器时代遗址的发掘**.中国社会科学院考古研究所山西工作队（张岱海）.考古学集刊（第5集）.中国社会科学出版社.1987年.27—60页

346.**山西曲沃县方城遗址发掘简报**.中国社会科学院考古研究所山西工作队、山西省临汾行署文化局（赵慧民）.考古1988年第4期.289—294页

347.**山西长治小神村遗址**.山西省考古研究所晋东南工作站（宋建忠）.考古1988年第7期.577—583页

348.**山西襄汾大崮堆山发现新石器时代石磬坯**.陶富海.考古1988年第12期.1137页

349.**山西忻州市游邀遗址发掘简报**.忻州考古队（卜工）.考古1989年第4期.289—299页

350.**晋南考古调查报告**.中国社会科学院考古研究所山西工作队（张岱海）.考古学集刊（第6集）.中国社会科学出版社.1989年.1—51页

351.**侯马市东阳呈遗址调查简报**.侯马市博物馆（田建文）.考古与文物1990年第6期.28—31页

352.**山西闻喜古文化遗址调查简报**.张国维.考古1990年第3期.200—205+217页

353.**山西平陆县西侯新石器时代遗址调查**.王志敏.考古1990年第3期.286—288页

354.**山西侯马东呈王新石器时代遗址**.山西省考古研究所、山西大学历史系考古专业（王万辉）.考古1991年第2期.110—124+142页

355.**山西省襄汾县丁村新石器时代遗址发掘简报**.山西省考古研究所（马昇）.考古1991年第10期.882—891页

356.**山西侯马市古文化遗址调查报告**.侯马市博物馆（周忠）.文物季刊1992年第1期.1—13+17页

357.**山西翼城枣园新石器时代早期遗址调查报告**.山西省考古研究所（薛新民）.文物季刊1992年第2期.7—15页

358.**塔儿山南麓古遗址调查简报**.山西省考古研究所（张奎）.文物季刊1992年第3期.17—22页

359.**翼城曲沃考古勘察记**.北京大学历史系考古专业山西实习组、山西省文物工作委员会（张领）.考古学研究（一）.文物出版社.1992年.124—228页

360.**山西襄汾陈郭村新石器时代遗址与墓葬发掘简报**.山西省考古研究所、襄汾县博物馆（王万辉）.考古1993年第2期.97—102+192页

361.**长治小常乡小神遗址**.山西省考古研究所晋东南工作站（宋建忠）.考古学报1996年第1期.63—110页

362.**侯马西阳呈陶寺文化遗址调查**.山西省考古研究所侯马工作站（田建文）.文物季刊1996年第2期.54—56页

363.**山西汾阳县宏寺遗址调查**.马升、段沛庭.文物季刊1996年第2期.57—62页

364.**山西河津固镇遗址发掘报告**.山西省考古研究所（海金乐）.三晋考古（第二辑）.山西人民出版社.1996年.63—126页

365.**山西洪洞耿壁遗址调查、试掘报告**.山西省考古研究所、洪洞县博物馆（王万辉）.三晋考古（第二辑）.山西人民出版社.1996年.127—140页

366.**洪洞侯村新石器时代遗址调查、试掘报告**.山西省考古研究所、洪洞县博物馆（薛新民）.三晋考古（第二辑）.山西人民出版社.1996年.192—219页

367.**山西曲沃东许遗址调查、发掘报告**.山西省考古研究所、曲沃县博物馆（薛新民）.三晋考古（第二辑）.山西人民出版社.1996年.220—244页

368.**山西翼城南石遗址调查、试掘报告**.山西省考古研究所（海金乐）.三晋考古（第二辑）.山西人民出版社.1996年.245—258页

369. **1991~1992年山西垣曲商城发掘简报**.中国历史博物馆考古部、山西省考古研究所（佟伟华）.文物1997年第12期.4—15页

370.**垣曲宁家坡陶窑址发掘简报**.山西省考古研究所（薛新民）.文物1998年第10期.28—32页

371.**山西临汾下靳墓地发掘简报**.下靳考古队（宋建忠）.文物1998年第12期.4—13页

372.**山西垣曲县小赵新石器时代遗址的试掘**.中国社会科学院考古研究所山西队（郑文兰）.考古1998年第4期.4—15页

373.**山西黎城古文化遗址调查报告**.山西省考古研究所晋东南工作站（杨林中）.文物季刊1998年第4期.11—22+37页

374.**山西大同市博物馆收藏的一件特大石磬**.张丽.考古1999年第2期.88页

375.**山西临汾下靳村陶寺文化墓地发掘报告**.山西省临汾行署文化局、中国社会科学院考古研究所山西工作队（梁星彭）.考古学报1999年第4期.459—486页

376.**陶寺遗址陶窑发掘简报**.山西省考古研究所（宋建忠）.文物季刊1999年第2期.3—10+21页

377.**山西滹沱河流域考古调查报告**.侯毅.山西省考古学会论文集（三）.山西古籍出版社.2000年.20—38页

378.**山西翼城县故城遗址调查报告**.张辛.考古学研究（四）.科学出版社.2000年.404—442页

379.**山西垣曲小赵遗址1996年发掘报告**.中国社会科学院考古研究所山西工作队（梁星彭）.考古学报2001年第2期.189—226页

380.**山西襄汾县丁村曲舌头新石器时代遗址发掘简报**.山西大学历史系考古专业（胡建）.考古2002年第4期.29—40页

381.**山西襄汾陶寺遗址Ⅱ区居住址1999~2000年发掘简报**.中国社会科学院考古研究所山西队、山西临汾行署文化局（严志斌）.考古2003年第3期.3—17页

382.**陶寺城址发现陶寺文化中期墓葬**.中国社会科学院考古研究所山西队、山西省考古研究所、临汾市文物局（何驽）.考古2003年第9期.3—6页

383. **2002年山西襄汾陶寺城址发掘**.中国社会科学院考古研究所山西第二工作队、山西省考古研究所、山西省临汾市文物局.中国社会科学院古代文明研究中心通讯第5期2003年.40—49页

384.**山西襄汾县陶寺城址发现陶寺文化大型建筑基址**.中国社会科学院考古研究所山西队、山西省考古研究所、山西省临汾市文物局（何驽）.考古2004年第2期.3—6页

385.**山西襄汾县陶寺城址祭祀区大型建筑基址2003年发掘简报**.中国社会科学院考古研究所山西队、山西省考古研究所、临汾市文物局（何驽）.考古2004年第7期.9—24页

386.**山西垣曲县宁家坡遗址发掘纪要**.薛新民、宋建忠.华夏考古2004年第2期.3—16页

387. **2003年陶寺城址考古发掘的新收获**.中国社会科学院考古研究所山西队、山西省考古研究所、山西省临汾市文物局（何驽）.中国社会科学院古代文明研究中心通讯第7期2004年.56—63页

388. **2004~2005年山西襄汾陶寺遗址发掘新进展**.中国社会科学院考古研究所山西队、山西省考古研究所、临汾市文物局.中国社会科学院古代文明研究中心通讯第10期2005年.58—64页

389.**山西襄汾陶寺城址2002年发掘报告**.中国社会科学院考古研究所山西队、山西省考古研究所、临汾市文物局（严志斌）.考古学报

2005年第3期.307—345页

390.**陶寺中期墓地被盗墓葬抢救性发掘纪要**.王晓毅、严志斌.中原文物2006年第5期.4—7页

391.**襄汾小陈新石器时代遗址发掘报告**.山西省考古研究所（薛新明）.三晋考古（第三辑）.山西人民出版社.2006年.60—115页

392.**山西襄汾县陶寺中期城址大型建筑ⅡFJT1基址2004～2005年发掘简报**.中国社会科学院考古研究所山西队、山西省考古研究所、临汾市文物局（何驽）.考古2007年第4期.3—25页

393.**山西襄汾县张槐遗址出土大型石磬**.夏宏茹.考古2007年第12期.85—87页

394.**山西襄汾县陶寺城址发现陶寺文化中期大型夯土建筑基址**.中国社会科学院考古研究所山西队、山西省考古研究所、临汾市文物局（何努）.考古2008年第3期.3—6页

395.**山西襄汾陶寺遗址2007年田野考古新收获**.中国社会科学院考古研究所山西队、山西省考古研究所、临汾市文物局.中国社会科学院古代文明研究中心通讯第15期2008年.48—50页

396.**山西屯留西李高遗址发掘**.山西省考古研究所（王晓毅）.文物春秋2009年第3期.14—25页

397.**山西夏县辕村遗址发掘简报**.中国国家博物馆田野考古研究中心、山西省考古研究所、运城市文物保护研究所（王月前）.考古2009年第11期.3—25页

398.**山西绛县柳庄夏商遗址发掘报告**.山西省考古研究所、国家博物馆考古部、运城市文物局（王晓毅）.华夏考古2010年第2期.12—23+43页

399.**浊漳河流域2010年夏季考古调查**.中国国家博物馆、山西省考

古研究所（雷生霖）.中国国家博物馆馆刊2011年第9期.58—67页

400.**山西绛县周家庄遗址第一次发掘报告**.中国国家博物馆田野考古研究中心、山西省考古研究所、运城市文物保护研究所（王力之）.中国国家博物馆馆刊2012年第12期.6—48页

401.**武乡东村新石器时代遗址发掘简报**.山西省考古研究所（王京燕）.三晋考古（第四辑）.上海古籍出版社.2012年.1—35页

402.**襄汾杨威遗址发掘报告**.山西省考古研究所、临汾市文物局、襄汾县文物局（王金平）.三晋考古（第四辑）.上海古籍出版社.2012年.87—143页

403.**大同市阳高曹庄遗址发掘简报**.山西省考古研究所、大同市博物馆、大同市考古研究所（李树云）.三晋考古（第四辑）.上海古籍出版社.2012年.237—246页

404.**襄汾南小张遗址发掘报告**.山西省考古研究所、临汾市文物局、襄汾县博物馆（郭红波）.三晋考古（第四辑）.上海古籍出版社.2012年.255—273页

405. **2012年度陶寺遗址发掘的主要成果**.中国社会科学院考古研究所山西队、山西省考古研究所、山西省临汾市文物局.中国社会科学院古代文明研究中心通讯第24期2013年.60—63页

406.**岚县荆峪堡遗址发掘简报**.郭智勇.中国国家博物馆馆刊2014年第5期.22—43页

407.**山西泽州和村遗址发掘简报**.刘岩、张光辉、程勇、安建峰.中国国家博物馆馆刊2014年第5期.44—58页

408.**绛河流域史前文化考古调查**.中国国家博物馆、山西省考古研究所（李嵘）.中国国家博物馆馆刊2014年第7期.45—62页

409.**山西襄汾县大崮堆山石器制造场遗址1988—1989年的发掘**.山

西省考古研究所（朱晓东）.考古2014年第8期.7—19页

410.山西绛县周家庄新石器时代遗址2012—2013年发掘收获.戴向明、田伟.2013中国重要考古发现.文物出版社.2014年.2—5页

411.曲沃景明、东许征集的新石器时代陶器.王佩佩.文物世界2015年第5期.13+21页

412.山西襄汾县陶寺遗址Ⅲ区大型夯土基址发掘简报.中国社会科学院考古研究所山西队、山西省考古研究所（高江涛）.考古2015年第1期.30—39页

413.山西绛县周家庄遗址2007～2012年勘查与发掘简报.中国国家博物馆田野考古研究中心、山西省考古研究所、运城市文物保护研究所（戴向明）.考古2015年第5期.17—33页

414.山西绛县周家庄遗址居址与墓地2007～2012年的发掘.中国国家博物馆田野考古研究中心、山西省考古研究所、运城市文物保护研究所（戴向明）.考古2015年第5期.34—59页

415.山西沁县南涅水遗址考古发掘简报.中国国家博物馆、山西大学历史文化学院、山西省考古研究所（李嵘）.华夏考古2016年第3期.3—23页

416.山西灵石县逍遥遗址发掘简报.山西省考古研究所、山西大学历史文化学院（韩炳华）.考古2019年第1期.3—14页

（三）陕西省

417.陕西华阴横阵发掘简报.黄河水库考古工作队陕西分队（李遇春）.考古1960年第9期.5—9页

418.华县、渭南古代遗址调查与试掘.北京大学考古教研室华县

报告编写组（张忠培）.考古学报1980年第3期.297—328页

419.**陕西商县紫荆遗址发掘简报**.商县图书馆、西安半坡博物馆、商洛地区图书馆（王宜涛）.考古与文物1981年第3期.33—47页

420.**陕西洛河上游两处遗址的试掘**.陕西省商洛地区图书馆（雷文汉）.考古1983年第1期.10—16页

421.**商县紫荆遗址发现二里头文化陶文**.王宜涛.考古与文物1983年第4期.1—2页

422.**陕西华阴横阵遗址发掘报告**.中国社会科学院考古研究所陕西工作队（李遇春）.考古学集刊（第4集）.中国社会科学出版社.1984年.1—39页

423.**陕西商周考古发现和研究概述**.张天恩.考古与文物1998年第5期.21—31页

424.**陕西省文物考古五十年**.陕西省考古研究所.新中国考古五十年.文物出版社.1999年.428—437页

425.**陕西夏时期考古的新进展——商州东龙山遗址的发掘收获**.杨亚长.中国社会科学院古代文明研究中心通讯第5期2000年.34—36页

426.**陕西商洛市东龙山遗址仰韶与龙山时代遗存发掘简报**.陕西省考古研究院、商洛市博物馆（杨亚长）.考古2009年第12期.3—17页

427.**商洛东龙山遗址I区发掘简报**.陕西省考古研究院、商洛市博物馆（杨亚长）.考古与文物2010年第4期.3—15页

428.**商县紫荆遗址首次发掘的回顾**.王宜涛.三秦60年重大考古亲历记.三秦出版社.2010年.153—159页

429.**夏文化的遗踪——神木石峁遗址发掘记**.魏世刚.三秦60年重大考古亲历记.三秦出版社.2010年.189—194页

430.**丹江岸边的夏商古址——商洛东龙山遗址发掘记**.杨亚长.三秦60年重大考古亲历记.三秦出版社.2010年.289—294页

431.**陕西洛南河口绿松石矿遗址调查报告**.北京科技大学冶金与材料史研究所、陕西省考古研究院（先怡衡）.考古与文物2016年第3期.11—17+55页

432.**陕西省华县南沙遗址1983～1984年发掘报告**.西安半坡博物馆、陕西师范大学历史文化学院（王颖娟）.三代考古（七）.科学出版社.2017年.3—51页

（四）湖北省

433.**晋豫鄂三省考古调查简报**.北京大学考古专业商周组、山西省考古研究所，河南省安阳、新乡地区文化局，湖北省孝感地区博物馆（邹衡）.文物1982年第7期.1—16页

434.**湖北沙市李家台遗址发掘简报**.沙市市博物馆（彭锦华）.考古1995年第3期.203—208页

435.**大悟县城关镇双河村李家湾遗址发掘简报**.湖北省文物考古研究所（付守平）.江汉考古2000年第3期.16—22页

436.**钟祥乱葬岗夏文化遗存清理简报**.荆州市博物馆、钟祥市博物馆（郑中华）.江汉考古2001年第3期.38—43页

437.**湖北襄阳法龙王树岗遗址二里头文化灰坑清理简报**.襄石复线襄樊考古队（王先福）.江汉考古2002年第4期.44—50页

438.**郧县辽瓦店子遗址**.武汉大学考古与博物馆学系.湖北省南水北调工程重要考古发现Ⅰ.文物出版社.2007年.116—123页

439.**湖北郧县李营遗址二里头文化遗存发掘简报**.武汉大学考古

系、郧阳博物馆（周宁）.江汉考古2014年第6期.3—16页

440.湖北郧县尖滩坪遗址发掘简报.武汉大学历史学院考古系、郧县博物馆（陈晖）.江汉考古2015年第3期.12—27页

441.湖北郧县李营发现的铸铜遗存.张昌平、陈晖.考古2016年第6期.118—120页

三、年鉴

442.襄汾县陶寺遗址.高炜.中国考古学年鉴・1984.文物出版社.1984年.83页

443.垣曲古城东关遗址.郭仁.中国考古学年鉴・1984.文物出版社.1984年.84页

444.禹县阎砦龙山文化遗址.匡瑜、姜涛.中国考古学年鉴・1984.文物出版社.1984年.126页

445.淮阳平粮台龙山文化城址.河南省文物研究所.中国考古学年鉴・1984.文物出版社.1984年.126页

446.濮阳县马庄龙山文化遗址.孙德宣、张相梅.中国考古学年鉴・1984.文物出版社.1984年.127页

447.洛阳市东杨村遗址.叶万松、余扶危.中国考古学年鉴・1984.文物出版社.1984年.127页

448.偃师县二里头遗址.郑光、杨国忠、张国柱、杜金鹏.中国考古学年鉴・1984.文物出版社.1984年.128页

449.襄汾县陶寺新石器时代遗址.高炜.中国考古学年鉴・1985.文物出版社.1985年.116页

450.偃师县二里头遗址.郑光.中国考古学年鉴・1985.文物出版

社.1985.162—163页

451.**垣曲县古城东关新石器时代及东周遗址**.佟伟华.中国考古学年鉴·1986.文物出版社.1988年.94页

452.**济源县苗店龙山文化遗址**.李先登.中国考古学年鉴·1986.文物出版社.1988年.145页

453.**偃师县二里头遗址**.郑光、杨国忠、张国柱、杜金鹏.中国考古学年鉴·1986.文物出版社.1988年.146—147页

454.**渑池县郑窑二里头文化遗址**.张居中.中国考古学年鉴·1986.文物出版社.1988年.147—148页

455.**曲沃县方城新石器时代遗址**.赵慧民.中国考古学年鉴·1987.文物出版社.1988年.112页

456.**曲沃县东许新石器时代遗址**.海金乐、蒋新明.中国考古学年鉴·1987.文物出版社.1988年.112—113页

457.**垣曲县古城新石器时代遗址及商代城址**.佟伟华.中国考古学年鉴·1987.文物出版社.1988年.113—114页

458.**襄汾县大柴二里头文化遗址**.高天麟、李健民.中国考古学年鉴·1987.文物出版社.1988年.115—116页

459.**濮阳市戚城遗址**.丁清贤.中国考古学年鉴·1987.文物出版社.1988年.177—178页

460.**郾城县郝家台龙山文化和二里头文化遗址**.曹桂岑、翟继才.中国考古学年鉴·1987.文物出版社.1988年.178页

461.**偃师县二里头遗址**.郑光、杨国忠、张国柱、杜金鹏.中国考古学年鉴·1987.文物出版社.1988年.178—180页

462.**郑州黄委会食堂商代遗址**.陈嘉祥.中国考古学年鉴·1987.文物出版社.1988年.183—184页

463.**偃师县二里头遗址**.杜金鹏.中国考古学年鉴・1988.文物出版社.1989年.185—186页

464.**忻州市游邀遗址**.卜工.中国考古学年鉴・1990.文物出版社.1991年.170—171页

465.**南阳县叶胡桥龙山文化遗址**.袁广阔.中国考古学年鉴・1990年.文物出版社.1991年.243页

466.**偃师二里头遗址**.杜金鹏.中国考古学年鉴・1990.文物出版社.1991年.243—244页

467.**邓州市陈营二里头文化遗址**.袁广阔.中国考古学年鉴・1990.文物出版社.1991年.244页

468.**杞县鹿台岗新石器时代至东周遗址**.张国硕.中国考古学年鉴・1991.文物出版社.1992年.217—218页

469.**洛阳西吕庙龙山文化遗址**.李德方.中国考古学年鉴・1991.文物出版社.1992年.219页

470.**济源县庙街龙山文化、商及东周遗址**.袁广阔.中国考古学年鉴・1991.文物出版社.1992年.219页

471.**杞县段岗龙山文化、二里头文化及东周遗址**.宋豫秦.中国考古学年鉴・1991.文物出版社.1992年.219—220页

472.**杞县朱岗、牛角岗二里头文化遗址**.宋豫秦.中国考古学年鉴・1991.文物出版社.1992年.220—221页

473.**洛阳汉魏故城新石器时代遗址**.钱国祥.中国考古学年鉴・1992.文物出版社.1994年.233页

474.**汝州李楼龙山文化遗址**.吴耀利、陈星灿.中国考古学年鉴・1992.文物出版社.1994年.233—234页

475.**罗山县擂台子、李尚新石器时代及商周遗址**.赵新平、王

晗.中国考古学年鉴.1992.文物出版社.1994年.234—235页

476.**辉县孟庄龙山文化城址**.袁广阔.中国考古学年鉴·1993.文物出版社.1995年.169—170页

477.**驻马店市高明楼、高桥、党楼新石器时代至商代遗址**.张玉石.中国考古学年鉴·1993.文物出版社.1995年.170—171页

478.**济源留庄古遗址及东周墓地**.张玉石.中国考古学年鉴·1993.文物出版社.1995年.171页

479.**驻马店市杨庄龙山时期与二里头文化遗址**.宋豫秦、李亚东.中国考古学年鉴·1993.文物出版社.1995年.172—173页

480.**偃师县二里头遗址**.杜金鹏.中国考古学年鉴·1993.文物出版社.1995年.173—174页

481.**洛阳市皂角树二里头文化遗址**.叶万松、方孝廉.中国考古学年鉴·1994.文物出版社.1997年.212页

482.**光山县王围孜新石器时代遗址**.魏兴涛.中国考古学年鉴·1995.文物出版社.1997年.161页

483.**光山县赵山新石器时代遗址**.魏兴涛.中国考古学年鉴·1995.文物出版社.1997年.161—162页

484.**光山县庙堆子新石器时代至西周时期遗址**.魏兴涛.中国考古学年鉴·1995.文物出版社.1997年.162—163页

485.**偃师二里头遗址**.岳洪彬.中国考古学年鉴·1995.文物出版社.1997年.163—164页

486.**汝州煤山龙山文化遗址**.袁广阔、韩朝会.中国考古学年鉴·1996.文物出版社.1998年.166页

487.**淇县王庄龙山文化遗址**.袁广阔.中国考古学年鉴·1996.文物出版社.1998年.166—167页

488.**偃师二里头遗址**.郑光.中国考古学年鉴·1996.文物出版社.1998年.167—168页

489.**新安县太涧新石器时代及二里头文化遗址**.刘富良.中国考古学年鉴·1997.文物出版社.1999年.166—167页

490.**忻州市尹村新石器时代至殷商时期遗址**.王俊、闫向东.中国考古学年鉴·1998.文物出版社.2000年.102—103页

491.**新安县盐东新石器时代遗址**.王炬、俞凉亘.中国考古学年鉴·1998.文物出版社.2000年.148页

492.**禹州市瓦店龙山文化遗址**.方燕明.中国考古学年鉴·1998.文物出版社.2000年.149页

493.**罗山县姚台子新石器时代遗址**.河南省文物考古研究所.中国考古学年鉴·1998.文物出版社.2000年.150页

494.**偃师二里头遗址**.郑光.中国考古学年鉴·1998.文物出版社.2000年.150—151页

495.**定襄县下汤头新石器时代遗址**.张长海、王俊、畅红霞.中国考古学年鉴·1999.文物出版社.2001年.120—121页

496.**偏关县老牛湾龙山文化时期遗址**.王俊.中国考古学年鉴·1999.文物出版社.2001年.121页

497.**襄汾县陶寺遗址**.李志鹏.中国考古学年鉴·2000.文物出版社.2002年.127—128页

498.**渑池县关家新石器时代及二里头文化遗址**.河南省文物考古研究所.中国考古学年鉴·2000.文物出版社.2002年.189—190页

499.**新密市古城寨龙山城址**.蔡全法、马俊才、郭木森.中国考古学年鉴·2000.文物出版社.2002年.190—192页

500.**黎城县靳家街村新石器及青铜时代遗址与墓葬**.张长海、杨

林中.中国考古学年鉴·2001.文物出版社.2002年.116—117页

501.**襄汾县陶寺遗址**.严志斌.中国考古学年鉴·2001.文物出版社.2002年.117—118页

502.**新密市古城寨龙山城址**.蔡全法、马俊才.中国考古学年鉴·2001.文物出版社.2002年.193—194页

503.**偃师市二里头遗址**.许宏、陈国梁.中国考古学年鉴·2001.文物出版社.2002年.196—198页

504.**襄汾陶寺新石器时代遗址**.梁星彭、严志斌.中国考古学年鉴·2002.文物出版社.2003年.137—140页

505.**确山县代楼新石器时代至商代遗址**.李占扬.中国考古学年鉴·2002.文物出版社.2003年.253—254页

506.**偃师二里头遗址宫殿区**.许宏、陈国梁.中国考古学年鉴·2002.文物出版社.2003年.254—256页

507.**偃师市灰嘴新石器时代至商周遗址**.陈星灿、李永强、张震.中国考古学年鉴·2003.文物出版社.2004年.225—226页

508.**二里头遗址宫殿基址群**.许宏、陈国梁、赵海涛.中国考古学年鉴·2003.文物出版社.2004年.230—231页

509.**登封王城岗二里头文化至唐宋时期遗址**.方燕明.中国考古学年鉴·2003.文物出版社.2004年.231—232页

510.**洛阳市小潘沟新石器时代遗址**.安亚伟.中国考古学年鉴·2004.文物出版社.2005年.239页

511.**济源市留村新石器时代遗址**.刘海旺、赵文军.中国考古学年鉴·2004.文物出版社.2005年.239—240页

512.**新密市古城寨龙山文化城址**.蔡全法.中国考古学年鉴·2004.文物出版社.2005年.240—242页

513.**新乡县李大召龙山文化至殷墟时期遗址及东周、汉代墓葬**.韩国河、赵海洲.中国考古学年鉴·2004.文物出版社.2005年.242—244页

514.**新密市新砦龙山文化至二里头文化时期城址**.赵春青.中国考古学年鉴·2004.文物出版社.2005年.244—245页

515.**偃师二里头遗址**.许宏、赵海涛、陈国梁.中国考古学年鉴·2004.文物出版社.2005年.245—246页

516.**郑州市大师姑二里头文化城址**.郑州市文物考古研究所.中国考古学年鉴·2004.文物出版社.2005年.246—247页

517.**绛县周家庄新石器时代遗址**.王力之、红梅、单月英.中国考古学年鉴·2005.文物出版社.2006年.136—137页

518.**平鲁羊圈村梯畔新石器时代及战国至汉代遗址**.王俊.中国考古学年鉴·2005.文物出版社.2006年.140页

519.**洛阳市矬李仰韶文化至二里头文化遗址**.任广.中国考古学年鉴·2005.文物出版社.2006年.238—239页

520.**新密市黄帝宫新石器时代至商代遗址**.蔡全法.中国考古学年鉴·2005.文物出版社.2006年.239—240页

521.**新郑市唐户新石器时代至周代遗址**.蔡全法.中国考古学年鉴·2005.文物出版社.2006年.240页

522.**漯河市庙岗新石器时代至周代遗址**.蔡全法.中国考古学年鉴·2005.文物出版社.2006年.241页

523.**偃师二里头遗址中心区遗存**.许宏、赵海涛、陈国梁、李志鹏.中国考古学年鉴·2005.文物出版社.2006年.242—243页

524.**丹江口市熊家庄二里头文化时期和楚文化遗址**.张成明.中国考古学年鉴·2005.文物出版社.2006年.269—270页

525.**洛阳市瀛州路矬李仰韶文化至二里头文化遗址**.任广.中国考

古学年鉴·2006.文物出版社.2007年.265—266页

526.**鹤壁市刘庄新石器时代及夏商时期遗址**.河南省文物考古研究所.中国考古学年鉴·2006.文物出版社.2007年.266—267页

527.**三门峡市南家庄仰韶文化二里头文化及宋代遗址**.李素婷.中国考古学年鉴·2006.文物出版社.2007年.267页

528.**平顶山市蒲城店龙山文化及二里头文化城址**.魏兴涛、赵文军、楚小龙.中国考古学年鉴·2006.文物出版社.2007年.269—270页

529.**温县陈家沟新石器时代至唐宋时期遗址**.杨树刚、郭亮.中国考古学年鉴·2006.文物出版社.2007年.270—273页

530.**新密市新砦遗址**.赵春青、张松林、张家强、张巧燕、钱立森、魏新民.中国考古学年鉴·2006.文物出版社.2007年.275—277页

531.**偃师市二里头遗址**.许宏、赵海涛、陈国梁.中国考古学年鉴·2006.文物出版社.2007年.278—279页

532.**西平县董桥新石器时代遗址**.蔡全法.中国考古学年鉴·2007.文物出版社.2008年.281—282页

533.**温县陈家沟新石器时代周代及汉宋遗址**.杨树刚.中国考古学年鉴·2007.文物出版社.2008年.283页

534.**博爱县西金城新石器时代及汉唐宋遗址**.王青.中国考古学年鉴·2007.文物出版社.2008年.283—284页

535.**温县徐堡龙山文化城址及西周至汉宋明清遗址**.洛阳市文物工作队、焦作市文物工作队.中国考古学年鉴·2007.文物出版社.2008年.287—288页

536.**洛阳市王圪垱龙山晚期至二里头早期遗址**.洛阳市第二文物工作队.中国考古学年鉴·2007.文物出版社.2008年.288页

537.**偃师二里头遗址6号基址**.赵海涛.中国考古学年鉴·2007.文物

出版社.2008年.288—289页

538.**荥阳市薛村夏商遗址及汉至明清墓葬**.楚小龙.中国考古学年鉴·2007.文物出版社.2008年.290—291页

539.**屯留县西李高先秦时期遗址**.杨林中、海金乐、王晓毅.中国考古学年鉴·2008.文物出版社.2009年.167—168页

540.**博爱县西金城龙山文化城址**.王青、王良智.中国考古学年鉴·2008.文物出版社.2009年.270—272页

541.**禹州市瓦店新石器时代遗址**.方燕明.中国考古学年鉴·2008.文物出版社.2009年.272—273页

542.**淅川县门伙新石器时代至春秋时期和唐代遗址**.金志伟.中国考古学年鉴·2008.文物出版社.2009年.273—274页

543.**淅川县水田营新石器时代和东周时期遗址**.杨文胜.中国考古学年鉴·2008.文物出版社.2009年.274—275页

544.**方城县平高台新石器时代遗址和东周墓葬**.韩朝会.中国考古学年鉴·2008.文物出版社.2009年.275—276页

545.**洛阳市庞屯新石器时代遗址及东周晋唐宋墓葬**.司马国红.中国考古学年鉴·2008.文物出版社.2009年.277—278页

546.**绛县周家庄新石器时代遗址**.中国国家博物馆综合考古部、山西省考古研究所、运城市文物保护研究所.中国考古学年鉴·2009.文物出版社.2010年.142—143页

547.**濮阳县戚城新石器时代和东周城址**.赵新平、李一丕 中国考古学年鉴·2009.文物出版社.2010年.266页

548.**温县徐堡新石器时代及周代遗址**.李锋.中国考古学年鉴·2009.文物出版社.2010年.266—267页

549.**郑州市佛岗新居住宅小区二里头文化与战国遗址及汉至清代**

墓葬.丁兰坡、吴倩、王振宇.中国考古学年鉴·2009.文物出版社.2010年.267—268页

550.**宁武县石家庄新石器时代及二里头文化时期遗址与汉代墓葬**.海金乐.中国考古学年鉴·2010.文物出版社.2011年.168页

551.**长治县小川龙山时代晚期遗址**.杨林中.中国考古学年鉴·2010.文物出版社.2011年.170页

552.**汝州市李楼龙山时期遗址**.王龙正、王利彬.中国考古学年鉴·2010.文物出版社.2011年.290页

553.**确山县吕庄新石器时代到商周遗址**.郭培育、常明.中国考古学年鉴·2010.文物出版社.2011年.290—291页

554.**漯河市马夫张新石器时代及汉代遗址**.郭培育.中国考古学年鉴·2010.文物出版社.2011年.291页

555.**宝丰县小店新石器时代至隋唐遗址**.王红卫.中国考古学年鉴·2011.文物出版社.2012年.303—304页

556.**淅川县下寨新石器时代夏两周及汉唐遗址**.曹艳朋、楚小龙.中国考古学年鉴·2011.文物出版社.2012年.305页

557.**汝州市李楼龙山文化遗址**.王龙正、王利彬.中国考古学年鉴·2011.文物出版社.2012年.307—308页

558.**郑州市梁湖龙山文化与商代遗址**.信应君.中国考古学年鉴·2011.文物出版社.2012年.308—311页

559.**禹州市后屯龙山文化遗址及汉唐墓葬**.周裕兴、王根富.中国考古学年鉴·2011.文物出版社.2012年.311—312页

560.**绛县周家庄新石器时代遗址**.戴向明、田伟.中国考古学年鉴·2012.文物出版社.2013年.149—150页

561.**淮滨陈营孜新石器时代至商周遗址**.黄克映.中国考古学年

鉴・2012.文物出版社.2013年.291页

562.**偃师市二里头遗址宫殿区**.赵海涛、许宏、陈国梁.中国考古学年鉴・2012.文物出版社.2013年.291—292页

563.**襄汾县陶寺龙山时期遗址**.高江涛、何努.中国考古学年鉴・2013.文物出版社.2014年.164—166页

564.**闻喜县千金耙矿夏商时期矿冶遗址**.李刚.中国考古学年鉴・2013.文物出版社.2014年.166页

565.**淅川县文坎新石器时代至汉代遗址**.韩朝会.中国考古学年鉴・2013.文物出版社.2014年.278—279页

566.**郑州市中原区常庄夏商遗址**.鲍颖建.中国考古学年鉴・2013.文物出版社.2014年.280页

567.**郑州市航空港区银河办事处夏商遗址**.高赞岭.中国考古学年鉴・2013.文物出版社.2014年.280—281页

568.**郑州市新兴置业有限公司二期项目夏商遗址**.黄富成.中国考古学年鉴・2013.文物出版社.2014年.281页

569.**西平县上坡二里头文化及周代遗址**.张小虎.中国考古学年鉴・2013.文物出版社.2014年.282页

570.**郑州市商城黄委会幼儿园二里头文化及商代遗存**.杨树刚、曾晓敏.中国考古学年鉴・2013.文物出版社.2014年.282—283页

571.**郑州市龙湖调蓄工程二里头文化及唐代遗址**.郑州市文物考古研究院.中国考古学年鉴・2013.文物出版社.2014年.283—284页

572.**绛县周家庄龙山时期遗址**.戴向明、田伟.中国考古学年鉴・2014.中国社会科学出版社.2015年.187页

573.**临汾市西赵夏代至明清时期遗址**.王金平、杨及耘、李永敏.中国考古学年鉴・2014.中国社会科学出版社.2015年.187—188页

574.**淅川县金营新石器时代至汉唐遗址**.曹艳朋.中国考古学年鉴·2014.中国社会科学出版社.2015年.307—308页

575.**荥阳市高铁南一路新石器时代遗址**.魏青利、丁兰坡.中国考古学年鉴·2014.中国社会科学出版社.2015年.308页

576.**确山县代楼龙山时代及商代遗址**.聂凡、楚小龙.中国考古学年鉴·2014.中国社会科学出版社.2015年.308—309页

577.**尉氏县新庄二里头文化遗址**.张小虎.中国考古学年鉴·2014.中国社会科学出版社.2015年.309页

578.**濮阳市戚城龙山时代城址**.李一丕.中国考古学年鉴·2015.中国社会科学出版社.2016年.218—219页

579.**舞钢市大杜庄龙山文化遗址**.曹艳朋、楚小龙.中国考古学年鉴·2015.中国社会科学出版社.2016年.219页

580.**淮阳平粮台龙山文化遗址**.曹艳朋.中国考古学年鉴·2015.中国社会科学出版社.2016年.219—220页

581.**郑州高新区东赵龙山晚期至西周遗址**.北京大学考古文博学院、郑州市文物考古研究院.中国考古学年鉴·2015.中国社会科学出版社.2016年.220—221页

582.**温县林村二里头文化遗址**.武志江.中国考古学年鉴·2015.中国社会科学出版社.2016年.221页

583.**焦作市府城遗址**.杨树刚.中国考古学年鉴·2015.中国社会科学出版社.2016年.222页

584.**襄汾县陶寺新石器时代遗址**.高江涛、何努、田建文.中国考古学年鉴·2016.中国社会科学出版社.2017年.180—181页

585.**绛县周家庄龙山文化遗址**.戴向明、田伟.中国考古学年鉴·2016.中国社会科学出版社.2017年.181—182页

586.**荥阳市鑫苑名家一期项目龙山文化及汉代遗存**.丁兰坡、魏青利.中国考古学年鉴 · 2016.中国社会科学出版社.2017年.303—304页

587.**驻马店市驿城区国楼新石器时代遗址**.曹艳朋、齐雪义.中国考古学年鉴 · 2017.中国社会科学出版社.2018年.308页

588.**信阳市孙寨龙山文化二里头文化及西周时期遗址**.王豪.中国考古学年鉴 · 2017.中国社会科学出版社.2018年.313—314页

589.**偃师二里头遗址中心区**.赵海涛、许宏.中国考古学年鉴 · 2017.中国社会科学出版社.2018年.314页

590.**偃师二里头遗址5号基址**.赵海涛、许宏.中国考古学年鉴 · 2017.中国社会科学出版社.2018年.314—315页

591.**新郑市百荣绿建城项目二里头文化遗址**.黄富成.中国考古学年鉴 · 2017.中国社会科学出版社.2018年.315—316页

四、报纸

592.**山西侯马发现四千年前大型谷仓**.田建文.中国文物报1990年3月1日

593.**二里头遗址勘探发掘取得新进展——二里头文化早期建筑基址出土具有突破性价值**.郑光.中国文物报1992年10月18日

594.**二里头早期大型建筑基址的发现及其意义**.杜金鹏.中国文物报1993年2月28日

595.**豫南考古有新篇——驻马店杨庄遗址发掘告捷**.宋豫秦、李亚东.中国文物报1993年4月11日

596.**南阳发掘方城八里桥遗址**.乔宝同.中国文物报1995年3月26日

597.**垣曲黄河小浪底水库区文物抢救发掘有重要收获**.程书林.中

国文物报1997年7月13日

598.**商州发现一处大型夏商遗址**.王昌富、杨亚长.中国文物报1997年10月26日

599.**垣曲宁家坡遗址发掘获重大成果**.宋建忠、薛新良.中国文物报1998年2月4日

600.**罗山姚台子遗址发掘获重要成果**.张志清、王然、赵志文、余西云.中国文物报1998年3月1日

601.**黄河小浪底水库文物考古工作硕果累累**.张玉石.中国文物报1998年5月3日

602.**商州东龙山遗址考古获重要成果**.杨亚长、王昌富.中国文物报1998年11月25日

603.**临汾下靳墓地发掘获重要成果**.石金鸣、宋建忠、薛新民.中国文物报1998年12月20日

604.**三门峡南交口遗址发掘收获**.魏兴涛.中国文物报1999年8月4日

605.**关家遗址发掘获重要成果**.樊温泉.中国文物报2000年2月13日

606.**陶寺遗址发现夯土遗存**.梁星彭.中国文物报2000年7月16日

607.**东龙山遗址的年代与文化性质**.杨亚长.中国文物报2000年8月9日

608.**济源发掘二里头文化大型水井**.陈彦堂、胡永庆、王胜利.中国文物报2000年9月10日

609.**二里头遗址现存范围及成因初步廓清**.许宏、陈国梁.中国文物报2001年3月7日

610.**二里头遗址宫殿区考古又有重要发现**.许宏、陈国梁、赵海涛.中国文物报2003年1月17日

611.**河南济源发掘留村龙山文化遗址和西窑头汉墓群**.河南省文

物考古研究所、济源市文物工作队.中国文物报2004年2月13日

612.**山西襄汾陶寺城址发现大型史前观象祭祀与宫殿遗迹**.何驽、严志斌、王晓毅.中国文物报2004年2月20日

613.**夏代考古新突破——郑州大师姑发现二里头文化中晚期城址**.王文华、丁兰坡.中国文物报2004年2月27日

614.**河南新密新砦遗址发现城墙和大型建筑**.赵春青、张松林、张家强、谢肃.中国文物报2004年3月3日

615.**二里头遗址发现宫城城墙等重要遗存**.许宏、赵海涛.中国文物报2004年6月18日

616.**洛阳盆地区域系统调查取得丰硕成果**.许宏、陈国梁、赵海涛.中国文物报2004年7月2日

617.**河南偃师二里头遗址发现大型绿松石龙形器**.许宏、李志鹏、赵海涛.中国文物报2005年1月21日

618.**河南登封王城岗遗址发现龙山晚期大型城址**.方燕明.中国文物报2005年1月28日

619.**山西抢救性发掘陶寺墓地被盗墓葬**.王晓毅、严志斌.中国文物报2005年11月9日

620.**河南平顶山蒲城店发现龙山文化与二里头文化城址**.魏兴涛、赵文军、楚小龙、徐序白.中国文物报2006年3月3日

621.**河南新密新砦城址发掘城墙西北角与浅穴式大型建筑**.赵春青、张松林、张家强、张巧燕、钱立森、魏新民.中国文物报2006年6月30日

622.**二里头遗址发现大型围垣作坊区**.赵海涛、陈国梁、许宏.中国文物报2006年7月21日

623.**洛阳发现龙山晚期至二里头早期环壕聚落遗址**.吴业恒.中国

文物报2007年3月16日

624.**山西襄汾陶寺遗址田野发掘又获新成果**.高江涛、何努、王晓毅.中国文物报2008年4月25日

625.**山西襄汾陶寺遗址新调查一批石制品**.王晓毅、翟少冬、高江涛.中国文物报2008年8月27日

626.**河南郑州发现二里头文化时期芦村河遗址**.省普办.中国文物报2008年10月1日

627.**专家论证新郑望京楼古城址考古新发现**.李政.中国文物报2011年1月12日

628.**新郑望京楼发现：二里头文化和二里岗文化城址**.张松林、吴倩.中国文物报2011年1月28日

629.**山西浊漳河流域出土七足陶瓮**.雷生霖.中国文物报2011年3月4日

630.**河南新郑兴龙湾项目考古发掘工作获重要进展**.樊温泉.中国文物报2011年5月20日

631.**二里头遗址宫殿区2010～2011年度勘探与发掘新收获**.赵海涛、许宏、陈国梁.中国文物报2011年11月4日

632.**河南尉氏新庄二里头遗址的发掘收获**.张小虎.中国文物报2014年12月19日

633.**夏商周考古的又一重大收获——河南郑州东赵遗址发现大中小三座城址、二里头祭祀坑和商代大型建筑遗址**.顾万发、雷兴山、张家强.中国文物报2015年2月27日

634.**河南信阳孙寨遗址发现龙山晚期到周代遗存**.王豪、武志江.中国文物报2016年9月27日

635.**河北肃宁后白寺遗址发现二里头及晚商遗存**.魏曙光.中国文

物报2018年3月9日

636.**山西绛县西吴壁遗址发现大量夏商时期冶铜遗存**.戴向明、田伟、崔春鹏.中国文物报2018年12月14日

637.**山西绛县西吴壁遗址2019年春季考古再获新成果**.戴向明、田伟、崔春鹏、汤毓赟.中国文物报2019年7月5日

638.**安徽肥西三官庙遗址发现二里头时期遗存**.秦让平.中国文物报2019年8月23日

639.**河南开封虎丘岗遗址发现龙山至秦汉遗存**.张国硕、郑龙龙、王三营、曹金萍、陈文斐.中国文物报2019年9月27日

640.**考古工作者在登封县发现两座四千多年前的古城**.河南日报1983年4月2日

641.**我国新石器时代最完整陶窑群出土**.王东平.光明日报1998年6月3日

642.**中华文明起源研究的重大突破——陶寺城址考古新成果的价值与意义**.申维辰.光明日报2004年3月25日

643.**山西襄汾陶寺发现四千年前“天文台”**.杲文川.中国社会科学院院报2005年10月27日

五、图录

644.**河南出土商周青铜器（一）**.《河南出土商周青铜器》编辑组.文物出版社.1981年

645.**中国重大考古发现**.文物出版社.文物出版社.1990年

646.**中国文物地图集·河南分册**.国家文物局.中国地图出版社.1991年

647.**考古精华——中国社会科学院考古研究所建所四十年纪念**.中国社会科学院考古研究所.科学出版社.1993年

648.**山西考古四十年**.山西省考古研究所.山西人民出版社.1994年.96—129页

649.**河南考古四十年（1952—1992）·夏商时代**.河南省文物研究所.河南人民出版社.1994年.163—176页

650.**二里头陶器集粹**.中国社会科学院考古研究所.中国社会科学出版社.1995年

651.**中国青铜器全集·第一卷：夏、商（一）**.中国青铜器全集编辑委员会.文物出版社.1996年

652.**中国文物地图集·陕西分册**.国家文物局.西安地图出版社.1998年

653.**古都洛阳**.洛阳市文物管理局.朝华出版社.1999年

654.**郑州市文物志**.郑州历史文化丛书编纂委员会.河南人民出版社.1999年

655.**古都偃师**.河南省偃师市人民政府.河南画报社.2001年

656.**中国文物地图集·山西分册**.国家文物局.中国地图出版社.2006年

657.**中国考古60年（1949～2009）**.国家文物局.文物出版社.2009年

658.**郑州商城陶器集萃**.河南省文物考古研究院（贾连敏）.大象出版社.2015年

659.**郑州大师姑图录**.郑州市文物考古研究院（顾万发）.科学出版社.2016年

660.**新砦陶器精华**.中国社会科学院考古研究所、郑州市文物考古研究院、北京大学震旦古代文明研究中心（赵春青）.科学出版社.2016年

下编·研究篇

一、综合研究

（一）论著

661.**新中国的考古收获**.中国科学院考古研究所.文物出版社.1961年.43—49页

662.**商周考古**.北京大学历史系考古教研室商周组.文物出版社.1979年.14—28页

663.**夏代文化**.李民.中华书局.1980年；1997年修订、再版

664.**试论夏文化**.邹衡.夏商周考古学论文集.文物出版社.1980年.95—184页

665.**夏文化分布区域内有关夏人传说的地望考**.邹衡.夏商周考古学论文集.文物出版社.1980年.219—252页

666.**关于夏商时期北方地区诸邻境文化的初步探讨**.邹衡.夏商周考古学论文集.文物出版社.1980年.253—294页

667.**黄河中游的龙山文化**.杨锡璋.新中国的考古发现和研究.中国社会科学院考古研究所.文物出版社.1984年.68—85页

668.**关于夏代文化的探索**.殷玮璋.新中国的考古发现和研究.中国社会科学院考古研究所.文物出版社.1984年.211—214页

669.**偃师二里头的早商遗址**.殷玮璋.新中国的考古发现和研究.中国社会科学院考古研究所.文物出版社.1984年.215—218页

670.**夏商史探索**.李民.河南人民出版社.1985年.1—71页

671.**河南考古**.杨育彬.中州古籍出版社.1985年.47—52、65—86页

672.**中国文明的起源**.夏鼐.文物出版社.1985年.94—96页

673.**夏商史稿**.孙淼.文物出版社.1987年.138—238页

674.**夏史初探**.郑杰祥.中州古籍出版社.1988年

675.**夏史夏文化研究书目**.周鸿翔.香港中文大学出版社.1990年

676.**夏源流史**.何光岳.江西教育出版社.1992年

677.**夏商社会生活史**.宋镇豪.中国社会科学出版社.1994年

678.**中国第一王朝的崛起——中华文明和国家起源之谜破译**.陈剩勇.湖南出版社.1994年

679.**古代中国青铜器**.朱凤瀚.南开大学出版社.1995年

680.**中国上古金属技术**.苏荣誉、华觉明、李克敏、卢本珊.山东科学技术出版社.1995年

681.**夏商西周的社会变迁**.晁福林.北京师范大学出版社.1996年

682.**夏商周三族源流探索**.李民、张国硕.河南人民出版社.1998年

683.**夏商周考古学论文集（续集）**.邹衡.科学出版社.1998年.3—96页

684.**先秦城市考古学研究**.许宏.北京燕山出版社.2000年.53—83页

685.**虞夏时期的中原**.董琦.科学出版社.2000年

686.**夏商考古**.陈旭.文物出版社.2001年.32—68页

687.**夏商时代都城制度研究**.张国硕.河南人民出版社.2001年

688.**夏商周青铜文明探研**.李先登.科学出版社.2001年

689.**夏商周文明新探**.江林昌.浙江人民出版社.2001年

690.**手铲释天书——与夏文化探索者的对话**.张立东、任飞.大象出版社.2001年

691.**千古学案——夏商周断代工程纪实**.岳南.浙江人民出版

社.2001年

692.**中国考古学·夏商卷**.中国社会科学院考古研究所.中国社会科学出版社.2003年.21—139页

693.**中国社会生活史·夏商周时代**.中国国家博物馆.山西出版社.2003年.2—27页

694.**中国上古史研究专刊（第三期）**.王仲孚.兰台出版社.2003年

695.**生态环境变迁与夏代的兴起探索**.王星光.科学出版社.2004年

696.**夏商周青铜器研究（夏商篇）**.陈佩芬.上海古籍出版社.2004年

697.**新石器文化与夏代文明**.郑杰祥.江苏教育出版社.2005年.231—574页

698.**夏商周历史与考古**.程平山.人民出版社.2005年.1—25页

699.**偃师二里头遗址研究**.杜金鹏、许宏.科学出版社.2005年

700.**夏商时代的社会与文化**.谌中和.甘肃人民出版社.2006年

701.**河洛与海岱地区考古学文化的交流与融合**.靳松安.科学出版社.2006年

702.**襄汾陶寺遗址研究**.解希恭.科学出版社.2007年

703.**夏商周考古学研究**.杜金鹏.科学出版社.2007年

704.**夏商史话**.孟世凯.中国国际广播出版社.2007年.28—59页

705.**夏史与夏代文明**.詹子庆.上海科学技术文献出版社.2007年

706.**中国新石器时代：迈向早期国家之路**.刘莉著，陈星灿等译.文物出版社.2007年

707.**青铜爵、斝的秘密——从史前陶鬶到夏商文化起源并断代问题研究**.吕琪昌.浙江大学出版社.2007年

708.**文物夏商周史**.中国国家博物馆.中华书局.2009年

709.**最早的中国**.许宏.科学出版社.2009年

710.**考古发现与夏商起源研究**.侯仰军.黑龙江人民出版社.2009年.104—159页

711.**中国考古发现与研究（1949—2009）**.刘庆柱.人民出版社.2010年.200—211页

712.**中国夏王朝考古学研究**.饭岛武次.同成社.2012年

713.**洛阳史前与夏商周考古探索**.周立、张剑.中州古籍出版社.2012年

714.**二里头文化研究**.袁广阔.线装书局.2013年

715.**夏商周——从神话到史实**.郭静云.上海古籍出版社.2013年

716.**何以中国——公元前2000年的中原图景**.许宏.生活 · 读书 · 新知三联书店.2014年

717.**二里头文化时期的中国**.段天璟.社会科学文献出版社.2014年

718.**偃师二里头文化考古学研究**.郭画晓.中州古籍出版社.2015年

719.**齐家华夏说**.易华.甘肃人民出版社.2015年

720.**追迹三代**.孙庆伟.上海古籍出版社.2015年

721.**新砦遗址与新砦文化研究**.中国社会科学院考古研究所、郑州市文物考古研究院.科学出版社.2016年

722.**鼏宅禹迹——夏代信史的考古学重建**.孙庆伟.生活 · 读书 · 新知三联书店.2018年

723.**郑州大师姑城址研究**.李锋.科学出版社.2018年

（二）论文

724.**诸夏的分布与鼎鬲文化**.翦伯赞.中国史论集.文风书局.1947

年.48—69页

725.**龙山小屯仰韶文化与夏殷民族渊源考**.吴泽.历史社会季刊1947年第一卷第一期.11—110页

726.**夏代和商代的奴隶制**.束世徵.历史研究1956年第1期.31—61页

727.**对“夏代和商代的奴隶制”一文的意见**.许顺湛.历史研究1956年第6期.99—104页

728.**中国国家起源的问题**.吴恩裕.新建设1956年第7期.3—18页

729.**中国新石器时代的物质文化**.安志敏.文物参考资料1956年第8期.41—49页

730.**龙山文化与殷文化陶器间的关系**.唐云明.文物参考资料1958年第6期.67—68页

731.**近年考古发现与中国早期奴隶制社会**.李学勤.新建设1958年第8期.47—53页

732.**试论黄河流域新石器时代文化**.安志敏.考古1959年第10期.559—565页

733.**黄河流域原始社会考古研究上的若干问题**.石兴邦.考古1959年第10期.566—570页

734.**略谈研究夏文化的问题**.徐旭生.新建设1960年第3期.62—65页

735.**关于中原新石器时代文化几个问题**.许顺湛.文物1960年第5期.36—39页

736.**我国新石器时代的仰韶文化和龙山文化**.安志敏.历史教学1960年第8期.7—13页

737.**找商都“西亳”**.水湛.河南日报1961年8月27日

738.**到底有没有夏代（夏代文化探索）**.水湛.河南日报1961年9月21日

739.“夏都”阳城在那里（夏代文化探索）.水湛.河南日报1961年9月28日

740.“夏都”斟鄩在那里（夏代文化探索）.水湛.河南日报1961年10月5日

741.“少康中兴”与迁原（夏代文化探索）.水湛.河南日报1961年10月8日

742.找商都“西亳”补记.水湛.河南日报1961年10月19日

743.怎样识别出土的夏代文物（夏代文化探索）.水湛.河南日报1961年10月29日

744.夏代文化性质问题的探讨.佚名.光明日报1962年2月10日

745.新中国的考古学.夏鼐.考古1962年第9期.453—458页

746.我国近五年来的考古新收获.夏鼐.考古1964年第10期.485—497+503页

747.夏代文化探索.许顺湛.史学月刊1964年第7期.15—21页

748.对《夏代文化探索》一文的商榷.贾峨.史学月刊1965年第5期.30+19页

749.夏商都邑考——附汤征诸侯与伐夏.王恢.中国历史学会史学集刊第二期（台湾）.1970年.9—24页

750.建国以来河南考古的重要收获.河南省博物馆.文物1972年第10期.2—5+55页

751.从二里头类型文化试谈中国的国家起源问题.佟柱臣.文物1975年第6期.29—33+84页

752.从偃师二里头文化遗址看中国古代国家的形成和发展.李民、文兵.郑州大学学报（哲学社会科学版）1975年第4期.80—84页

753.从盘龙城商代宫殿遗址谈中国宫廷建筑发展的几个问题.杨

鸿勋.文物1976年第2期.16—25页

754.**碳－14测定年代和中国史前考古学**.夏鼐.考古1977年第4期.217—232页

755.**二里头文化探讨**.殷玮璋.考古1978年第1期.1—4页

756.**谈谈探讨夏文化的几个问题——在《登封告成遗址发掘现场会》闭幕式上的讲话**.夏鼐.河南文博通讯1978年第1期.32—33页

757.**关于探索夏文化的途径**.邹衡.河南文博通讯1978年第1期.34—35+64页

758.**关于探索夏文化问题**.黄石林.河南文博通讯1978年第1期.36—40页

759.**国家文物局在登封召开告成遗址发掘现场会**.余波.河南文博通讯1978年第2期.22—24页

760.**豫西夏代文化初探**.安金槐.河南文博通讯1978年第2期.24—28页

761.**对探索夏文化的一点看法**.方孝廉.河南文博通讯1978年第2期.40—41页

762.**二里头考古队探索夏文化的回顾与展望——在《登封告成遗址发掘现场会》上的发言**.赵芝荃.河南文博通讯1978年第3期.9—11+13页

763.**二里头文化商榷**.郑杰祥.河南文博通讯1978年第4期.9—14+22页

764.**关于夏文化及其来源的初步探索**.吴汝祚.文物1978年第9期.70—73页

765.**河南地区的夏文化**.陈显泗、戴可来.郑州大学学报（哲学社会科学版）1978年第2期.90—93页

766.**从夏商周三代考论三代关系与中国古代国家的形成**.张光直.屈万里先生七秩荣庆论文集.联经出版事业公司（台北）.1978年.287—306页

767.**关于探讨夏文化的几个问题**.邹衡.文物1979年第3期.64—69页

768.**殷商时代的青铜容器**.张长寿.考古学报1979年第3期.271—300页

769.**关于夏初史**.孙作云.河南文博通讯1979年第1期.2—5页

770.**论汤都西亳——兼论探索夏文化的问题**.方酉生.河南文博通讯1979年第1期.6—9页

771.**夏代和夏文化问题**.佟柱臣.河南文博通讯1979年第2期.2—12+16页

772.**河南文物考古三十年**.杨育彬.河南文博通讯1979年第3期.4—12页

773.**夏代文化的再探索**.许顺湛.河南文博通讯1979年第3期.13—20页

774.**《尚书・甘誓》所反映的夏初社会——从《甘誓》看夏与有扈的关系**.李民.河南文博通讯1979年第4期.3—6页

775.**夏文化初论**.吴汝祚.中国史研究1979年第2期.132—141页

776.**夏史初曙**.徐中舒.中国史研究1979年第3期.12—15页

777.**豫西夏代文化初探**.安金槐.中国历史博物馆馆刊总第1期1979年.24—28页

778.**中国青铜器的起源与发展**.唐兰.故宫博物院院刊1979年第1期.4—10页

779.**简论夏代国家的形成——从二里头遗址看夏代国家的出现**.李民.历史教学1979年第11期.2—6页

780.**河南历史文物丛谈**.陈显泗、戴可来.郑州大学学报（哲学社会科学版）1979年第1期.99—104页

781.**试谈夏文化及其与商文化的关系问题**.孟凡人.郑州大学学报（哲学社会科学版）1979年第1期.13—22页

782.**夏代是中国国家的起源**.赵希鼎.开封师院学报（社会科学版）1979年第1期.75—82页

783.**河南龙山文化分析**.郑杰祥.开封师院学报（社会科学版）1979年第3期.35—45页

784.**夏为东夷说**.程德祺.中央民族学院学报1979年第4期.17—23页

785.**夏文化——试从黄帝至周初诸王系年问题看二里头及二里冈文化**.高木森.华学月刊第95期.1979年.19—27页

786.**传说中之夏代与二里头文化**.严耕望.唐君毅先生纪念集.学生书局（台北）.1979年

787.**关于二里头文化**.孙华.考古1980年第6期.521—525页

788.**谈夏文化探索中的几个问题**.方酉生.河南文博通讯1980年第1期.17—20页

789.**关于探讨夏文化的方法问题——答方酉生同志质疑**.邹衡.河南文博通讯1980年第2期.9—11页

790.**所谓“夏虚都”三玺与夏都问题**.黄盛璋.河南文博通讯1980年第3期.1—3页

791.**谈谈夏代文化的问题——兼对《郑州商城即汤都亳说》一文商榷**.杨育彬.河南文博通讯1980年第4期.18—23页

792.**《禹贡》与夏史**.李民.史学月刊1980年第2期.6—13页

793.**关于探索夏文化的若干问题**.李先登.中国历史博物馆馆刊总第2期1980年.29—34页

794.**夏都探索**.方西生.中国史研究1980年第4期.22—24页

795.**关于夏文化问题的一点认识**.陈旭.郑州大学学报（社会科学版）1980年第3期.67—72+79页

796.**夏部族起源的探讨**.郑杰祥.河南师大学报（社会科学版）1980年第5期.25—30页

797.**论南亳与西亳**.孙飞.文物1980年第8期.78—84页

798.**略谈夏文化**.周永珍.历史教学1980年第9期.14—15页

799.**夏文化研究的轨迹**.李绍连.社会科学评论1980年第4期.24—29页

800.**从解放以来的考古发掘论证禹都八说**.董琦.历史与文物资料1980年第5期

801.**略论河南龙山文化的社会性质**.方酉生.江汉考古1980年第2期.73—76页

802.**从龙山文化的建筑技术探索夏文化**.王克林.山西大学学报（哲学社会科学版）1980年第3期.75—77页

803.**从河南龙山文化的几个类型谈夏文化的若干问题**.李仰松.中国考古学会第一次年会论文集.文物出版社.1980年.32—49页

804.**大禹与夏初传说试释**.王仲孚.台湾师范大学历史学报1980年第8期.1—46页

805.**中国早期铜器的几个问题**.安志敏.考古学报1981年第3期.269—285页

806.**夏王朝前夕的社会形态**.许顺湛.中州学刊1981年第1期.144—148页

807.**东下冯类型的初步分析**.李伯谦.中原文物1981年第1期.25—29页

808.**七十年代初信阳地区考古勘察回忆录——追记一篇下落不明的考古调查记**.苏秉琦.中原文物1981年第4期.1—3页

809.**试论商代“汤都亳”与“仲丁都隞”**.安金槐.中原文物1981年特刊.33—36页

810.**夏商古都**.安金槐.解放军画报1981年第1期.42—43页

811.**读《夏都探索》一文的意见**.胡顺利.中国史研究1981年第2期.168页

812.**从神话传说看夏王朝之建立**.萧兵.徐州师范学院学报（哲学社会科学版）1981年第2期.45—54页

813.**夏史研究概况**.金良年.历史教学问题1981年第4期.76+34页

814.**夏文化探索**.田昌五.文物1981年第5期.18—26+58页

815.**龙山文化和龙山时代**.严文明.文物1981年第6期.41—48页

816.**探索夏文化的回顾与展望**.李先登.天津师范学院学报1981年第6期.53—56页

817.**最早统一中国的是夏朝**.田昌五.人民日报1981年6月24日

818.**水井的发明与意义**.王克林.中国社会经济史论丛（第一辑）.山西人民出版社.1981年.81—93页

819.**“夏”和“中国”——祖国古代的称号**.顾颉刚、王树民.中国历史地理论丛（第一辑）.陕西人民出版社.1981年.6—22页

820.**龙山文化陶寺类型初探**.徐殿魁.中原文物1982年第2期.20—25页

821.**河南陕县七里铺遗址内涵的再分析**.李经汉.考古1982年第2期.182—185页

822.**河南孟津小潘沟遗址河南龙山文化陶器的分期**.余扶危、叶万松.考古1982年第2期.186—191页

823.**论夏族的起源**.姚政.西南师范学院学报（人文社会科学版）1982年第4期.53—61页

824.**略说典型龙山文化即是夏朝文化**.程德祺.苏州大学学报（哲学社会科学版）1982年第1期.107—111+115页

825.**夏文化的探讨**.邓昌宏.考古与文物1982年第5期.56—59页

826.**黄炎华夏考**.杨国勇.山西大学学报（哲学社会科学版）1982年第4期.54—60+78页

827.**论华夏族的形成**.谢维扬.社会科学战线1982年第3期.116—125页

828.**先夏文化探索**.邹宁宇.潜科学杂志1982年第5期.21—22页

829.**试论夏代国家的形成**.姚政.人文杂志1982年增刊（先秦史论文集）.43—52页

830.**夏文化的探索——中国考古学当前主要研究课题之一**.杨建芳.明报（香港）第17卷第9期1982年

831.**夏文化讨论专辑**.游学华（记录）.1982年香港中文大学“夏文化讨论会”纪要.大公报（香港）1982年副刊

832.**试论河南“龙山文化”与夏商周文化的关系**.安金槐.中国考古学会第二次年会论文集.文物出版社1982年.153—160页

833.**二里头文化和商周时代金属器代替石骨蚌器的过程**.佟柱臣.中原文物1983年第2期.1—14页

834.**试论河南龙山文化“王湾类型”**.高天麟、孟凡人.中原文物1983年第2期.15—21页

835.**中国考古学会在郑州举行第四次年会探讨夏商文化和青铜文化**.殷玮璋.中原文物1983年第2期.113—114页

836.**关于“后岗第二期文化”类型有关问题的讨论**.唐云明.中原

文物1983年第3期.18—20页

837.**龙山文化乱葬坑尸骨身份辨析**.郝铁川.中原文物1983年第4期.39—42页

838.**试析煤山矬李两遗址的河南龙山文化和二里头文化**.方孝廉、李德方、隋裕仁.中原文物1983年特刊.4—7页

839.**从白营遗址中的房基布局结构看当时的社会性质**.赵连生、张相梅.中原文物1983年特刊.8—11页

840.**漫谈父系氏族社会与夏文化的问题**.曾意丹.中原文物1983年特刊.12—16页

841.**淮阳平粮台龙山文化古城城名考**.曹桂岑.中原文物1983年特刊.17—18页

842.**郑州地区龙山、二里头和商文化浅探**.李昌韬.中原文物1983年特刊.19—24页

843.**河南新郑望京楼铜器断代**.金岳.考古1983年第5期.468—471页

844.**关于陶寺墓地的几个问题**.高炜、高天麟、张岱海.考古1983年第6期.531—536页

845.**有关所谓"夏文化"的碳十四年代测定的初步报告**.仇士华、蔡莲珍、冼自强、薄官成.考古1983年第10期.923—928页

846.**近年来河南夏商文化考古的新收获——为中国考古学会第四次年会而作**.安金槐.文物1983年第3期.1—7页

847.**豫西地区与夏文化**.李先登.河洛春秋1983年第1期.20—22页

848.**夏王朝与洛阳**.李德方.河洛春秋1983年第1期.47—48页

849.**夏文化探索讨论综述**.郑杰祥.先秦史研究动态1983年第2期

850.**略谈龙山文化**.郝明华.文博通讯1983年第5期.10页

851.**王城岗城址非夏代遗存**.林寿晋.新亚学术集刊第四期1983

年.25—28页

852.**《禹贡》、“冀州”与夏文化探索**.李民.社会科学战线1983年第3期.123—131页

853.**商代纪年新议**.杨宝成.史学月刊1983年第3期.7—11页

854.**夏墟初探**.段士朴.山西师院学报（社会科学版）1983年第4期.61—62页

855.**漫话夏文化**.于保田.历史知识1983年第4期.42—43页

856.**夏文化**.郑德坤.欧华学报1983年第1期.5—10页

857.**探索夏文化的新收获**.李先登.北京日报1983年12月19日

858.**从夏商周三代考古论三代关系与中国古代国家的形成**.张光直.中国青铜时代.生活·读书·新知三联书店.1983年.27—56页

859.**夏都出土是对疑古论和唯物史观的重大否定**.金达凯.中原文献第十五卷第五、六期1983年

860.**二里头文化再探讨**.殷玮璋.考古1984年第4期.352—356页

861.**《山西夏县东下冯龙山文化遗址》读后**.朱延平.考古1984年第9期.833—836页

862.**东下冯“龙山文化早期遗存”的再认识**.李健民.考古1984年第9期.837—841页

863.**有关夏文化探索的几个问题**.殷玮璋.文物1984年第2期.55—62页

864.**登封王城岗与“禹都阳城”**.杨宝成.文物1984年第2期.63—66+54页

865.**禹居阳城与王城岗遗址**.京浦.文物1984年第2期.67—69页

866.**关于登封王城岗遗址几个问题的探讨**.贾峨.文物1984年第11期.63—68页

867.**王城岗城堡遗址的分析**.董琦.文物1984年第11期.69—72页

868.**王城岗遗址出土的铜器残片及其它**.李先登.文物1984年第11期.73—75页

869.**论中国的铜石并用时代**.严文明.史前研究1984年第1期.36—44页

870.**河南淮阳平粮台龙山文化古城址试析——兼论登封王城岗遗址非夏都阳城**.马世之.史前研究1984年第2期.51—56页

871.**龙山文化陶寺类型的年代与分期**.高天麟、张岱海、高炜.史前研究1984年第3期.22—31+110页

872.**东下冯和南礼教龙山文化遗存初析**.崇麓.史前研究1984年第4期.36—41页

873.**河南龙山、二里头与二里岗**.方酉生.考古与文物1984年第3期.53—57页

874.**河南龙山文化的社会经济基础**.叶万松、余扶危.中原文物1984年第3期.81—85页

875.**登封王城岗小城堡质疑**.许顺湛.中州学刊1984年第4期.122—124页

876.**淮阳"龙山城"与登封"小城堡"**.李绍连.中州学刊1984年第4期.125—128页

877.**中原地区古代文化发展序列的缩影——记登封告成地下古代文化遗存**.安金槐.史学月刊1984年第3期.1—8页

878.**近年来夏史与夏文化研究概述**.曲英杰.中国史研究动态1984年第1期.7—12页

879.**夏文化探索讨论介绍**.郑杰祥.中国史研究动态1984年第2期.11页

880.**夏代国家起源初探**.尹振环、尹彦.贵州文史丛刊1984年第4期.18—24页

881.**夏商周三代都制与三代文化异同**.张光直.“中央研究院”历史语言研究所集刊第55本1分册1984年.51—71页

882.**二里头文化一、二期遗存的性质问题**.牛克成.中原文物1985年第2期.38—47页

883.**略论二里岗期商文化的分期和商城年代——兼谈其与二里头文化的关系**.高煦.中原文物1985年第2期.48—58页

884.**关于夏县东下冯“龙山文化晚期”遗存的讨论**.隋裕仁.中原文物1985年第4期.50—55页

885.**我国古代的青铜削刀**.陈振中.考古与文物1985年第4期.72—83页

886.**新乡地区新石器时代文化初探**.刘习祥、张新斌.考古与文物1985年第6期.47—55页

887.**关于中原地区早期冶铜技术及相关问题的几点看法**.李京华.文物1985年第12期.75—78页

888.**试论二里头文化的渊源——兼述泰山周围大汶口—龙山文化系统的族属问题**.杜在忠.史前研究1985年第3期.27—33页

889.**尧舜时代与陶寺遗址**.李民.史前研究1985年第4期.34—38+5页

890.**夏初年代的勘定**.赵恩语.安徽史学1985年第5期 1—4页

891.**夏代有文字吗**.李先登.文史知识1985年第7期.51—52页

892.**偃师尸乡沟商城与登封王城岗**.李先登.史学月刊1985年第3期.12—16页

893.**《禹贡》“豫州”与夏文化探索——兼议夏代的中心区域**.李

民.中州学刊1985年第1期.117—121页

894.**夏代都邑考**.孙华.河南大学学报（社会科学版）1985年第1期.77—82页

895.**关于夏商史研究——《夏商史论集》序言**.徐中舒.郑州大学学报（哲学社会科学版）1985年第1期.30—35页

896.**试探夏族的起源与播迁**.李民.郑州大学学报（哲学社会科学版）1985年第2期.75—82页

897.**探索晋南夏墟的重大考古发现**.高炜.中国画报1985年第3期.34—35页

898.**河南古代青铜冶铸业的兴起**.陈旭.中州今古1985年第2期.58—60页

899.**河南发现的夏商古城**.杨育彬.中州今古1985年第5期.12—14页

900.**夏代的民族和民族关系**.田继周.民族研究1985年第4期.27—34页

901.**夏文化的发掘与夏王朝的建立**.孟世凯.文史知识1985年第7期.14—19页

902.**夏文化探索和早商文化研究**.曹淑琴.中国考古学年鉴·1984.文物出版社.1985年.66—71页

903.**汤放桀之役中的几个地理问题**.杨升南.全国商史学术讨论会论文集.殷都学刊增刊.1985年.77—90页

904.**试论登封王城岗龙山文化遗址与夏代阳城**.安金槐.中国考古学会第四次年会论文集.文物出版社.1985年.1—6页

905.**登封告成王城岗遗址的初步分析**.李先登.中国考古学会第四次年会论文集.文物出版社.1985年.7—12页

906.**略论新砦期二里头文化**.赵芝荃.中国考古学会第四次年会论

文集.文物出版社.1985年.13—17页

907.**试论二里头商代早期文化**.郑光.中国考古学会第四次年会论文集.文物出版社.1985年.18—24页

908.**陶寺遗址的发掘与夏文化的探索**.高炜、张岱海、高天麟.中国考古学会第四次年会论文集.文物出版社.1985年.25—33页

909.**夏文化研究中的几个问题**.王玉哲.夏史论丛.齐鲁书社.1985年.1—18页

910.**对当前夏文化讨论的一些看法**.邹衡.夏史论丛.齐鲁书社.1985年.19—31页

911.**对探索夏文化的一些体会**.安金槐.夏史论丛.齐鲁书社.1985年.32—38页

912.**略论夏文化的源流及其有关问题**.王克林.夏史论丛.齐鲁书社.1985年.56—82页

913.**从建国后的考古发现来探讨夏文化的始末**.杨育彬.夏史论丛.齐鲁书社.1985年.83—93页

914.**夏文化研究述略**.黄家祥.夏史论丛.齐鲁书社.1985年.105—125页

915.**关于夏代文字的问题**.徐中舒、唐嘉弘.夏史论丛.齐鲁书社.1985年.126—150页

916.**夏代的东方**.严文明.夏史论丛.齐鲁书社.1985年.159—180页

917.**关于夏代早期活动的初步探析**.杜在忠.夏史论丛.齐鲁书社.1985年.245—265页

918.**试论夏代历史地理**.郑杰祥.夏史论丛.齐鲁书社.1985年.266—279页

919.**夏族渊源地域考**.杨国勇.夏史论丛.齐鲁书社.1985年.280—295

页

920.**夏代夏族地域初论**.李先登.夏史论丛.齐鲁书社.1985年.296—307页

921.**关于夏王朝在河南统治和活动的地域**.陈显泗.夏史论丛.齐鲁书社.1985年.308—320页

922.**二里头遗址是商都还是夏都**.陈旭.夏史论丛.齐鲁书社.1985年.321—334页

923.**由三代都邑论其民族文化**.丁山.夏文化论文选集.中州古籍出版社.1985年.35—97页

924.**夏朝遗迹**.范文澜.夏文化论文选集.中州古籍出版社.1985年.118—119页

925.**论黑陶文化非夏代文化**.赵光贤.夏文化论文选集.中州古籍出版社.1985年.120—127页

926.**最近三十年夏代考古与夏文化探索的检讨（1959—1993）**.王仲孚.中国上古史专题研究.五南图书出版有限公司.1985年.427—454页

927.**试论二里头文化的源流**.赵芝荃.考古学报1986年第1期.1—19页

928.**二里头类型的文化性质与族属问题**.李伯谦.文物1986年第6期.41—47页

929.**从墓葬陶器分析二里头文化的性质及其与二里冈期商文化的关系**.刘绪.文物1986年第6期.48—54页

930.**龙图腾与夏族的起源**.王克林.文物1986年第6期.55—56页

931.**豫西地区龙山文化典型遗址分析**.郭引强.中原文物1986年第1期.41—43+57页

932.**二里头文化试析**.杨宝成.中原文物1986年第3期.60—63+93页

933.**释斟寻**.李民.中原文物1986年第3期.64—68页

934.**试论豫西龙山文化**.方酉生.考古与文物1986年第1期.66—69页

935.**从王湾类型、二里头文化与陶寺类型的关系试论夏文化**.何建安.考古与文物1986年第6期.67—80页

936.**“探索夏文化”工作概述**.李先登.江汉考古1986年第3期.21—23页

937.**夏文化探讨的回顾与展望**.朱绍侯、孙英民.文史知识1986年第5期.121—127页

938.**中国新石器时代文化的多中心发展论和发展不平衡论——论中国新石器时代文化发展的规律和中国文明的起源**.佟柱臣.史学月刊1986年第2期.16—30+39页

939.**《夏史论丛》评介**.赵世超.史学月刊1986年第4期.119—120页

940.**《夏史论丛》简介**.亮工.东岳论丛1986年第5期.27页

941.**关于王城岗城堡的性质问题**.郑杰祥.中州学刊1986年第2期.115—118页

942.**探索夏文化讨论综述**.李先登.文物天地1986年第4期.46—47页

943.**二里头文化玉器：拟议中的夏代玉雕**.杨建芳.中国文物世界1986年第2期.74—79页

944.**夏文化研究的轨迹——兼评《夏文化论文选集》**.李绍连.社会科学评论1986年第4期.44—49页

945.**夏史研究断想**.李民.社会科学评论1986年第7期.98—103页

946.**夏史研究的新成果——《夏史论丛》简介**.黎原.学术资料1986年第5期.47—50页

947.**关于“夏文化”和“二里头文化”**.何长风.文物研究（第2辑）.黄山书社.1986年.58—61页

948.**夏史研究的崭新阶段——读《夏史论丛》**.黎原.先秦史研究动态1986年第2期.35—40页

949.**谈“晋文化”考古**.苏秉琦.文物与考古论集（文物出版社成立三十周年纪念）.文物出版社.1986年.44—54页

950.**先夏文化探索**.田昌五.文物与考古论集（文物出版社成立三十周年纪念）.文物出版社.1986年.93—109页

951.**陶寺遗址的发现和夏文化的探索**.张长寿.文物与考古论集（文物出版社成立三十周年纪念）.文物出版社.1986年.110—113页

952.**中原地区龙山文化的类型和年代**.张彦煌、张岱海.中国考古学研究——夏鼐先生考古五十年纪念论文集.文物出版社.1986年.46—56页

953.**陶寺龙山文化木器的初步研究——兼论北方漆器起源问题**.高炜.中国考古学研究——夏鼐先生考古五十年纪念论文集（二）.科学出版社.1986年.24—36页

954.**关于二里头文化类型与分期的问题**.赵芝荃.中国考古学研究——夏鼐先生考古五十年纪念论文集（二）.科学出版社.1986年.37—48页

955.**陶寺遗址**.高炜.中国大百科全书·考古学.中国大百科全书出版社.1986年.520—521页

956.**二里头类型早期遗存的文化性质及其来源**.隋裕仁.中原文物1987年第1期.49—55+23页

957.**二里头文化与岳石文化**.方辉.中原文物1987年第1期.56—64页

958.**虞代与龙山文化**.黄崇岳.中原文物1987年第2期.102—106页

959.**夏文化探索评议**.宋豫秦.中原文物1987年第2期.107—111页

960.**夏王朝建都洛阳初探**.方新庆.中原文物1987年第3期.58—

63+115页

961.**《夏商文化的考古学研究》评介**.日讯.中原文物1987年第4期.90页

962.**河南夏商考古综述**.安金槐.华夏考古1987年第1期.159—171+223页

963.**论二里头遗址为夏代晚期都邑**.赵芝荃.华夏考古1987年第2期.196—204+217页

964.**由墓葬制度看二里头文化的性质**.杨锡璋.殷都学刊1987年第3期.17—23页

965.**夏商文化中的年代问题**.田昌五.殷都学刊1987年第4期.2—6页

966.**就大柴遗址的发掘试析二里头文化东下冯类型的性质**.高天麟、李健民.考古1987年第7期.629—634页

967.**中国文明的诞生**.邹衡.文物1987年第12期.69—74+85页

968.**陶寺类型的文化归属**.董琦.山西文物1987年第1期.1—7页

969.**夏文化地望在东南地区说**.李晓路.江汉论坛1987年第11期.64—66页

970.**期待夏文化探索取得突破性进展**.殷玮璋.史学情报1987年第1期.14—16页

971.**二里头遗址与中国古代史**.郑光.北京社会科学1987年第1期.79—87页

972.**我对二里头文化的看法**.傅淑敏.山西大学学报（哲学社会科学版）1987年第2期.64—68页

973.**探索夏代文化的新进展**.安金槐.文物报1987年7月10日

974.**从传出商丘地区的二里头文化铜爵谈起**.李学勤.商丘师专学报（社会科学版）1987年第2期.30—33页

975.**从考古资料论中原国家的起源及其早期的发展**.杜正胜.台湾《中研院史语所集刊》第58本第一分册1987年.1—82页

976.**初论二里头宫室的复原问题——兼论“夏后氏世室”形制**.杨鸿勋.建筑考古学论文集.文物出版社.1987年.71—80页

977.**由夏族原居地纵论夏文化始于晋南**.刘起釪.华夏文明（第一集）.北京大学出版社.1987年.18—52页

978.**试论陶寺遗址和陶寺类型龙山文化**.高炜.华夏文明（第一集）.北京大学出版社.1987年.53—76页

979.**再论夏文化问题——关于陶寺龙山文化的探讨**.黄石林.华夏文明（第一集）.北京大学出版社.1987年.77—105页

980.**陶寺遗址可能是陶唐氏文化遗存**.王文清.华夏文明（第一集）.北京大学出版社.1987年.106—123页

981.**中国古代文明与龙山文化**.王克林.华夏文明（第一集）.北京大学出版社.1987年.124—153页

982.**古本《竹书纪年》与夏代史**.李学勤.华夏文明（第一集）.北京大学出版社.1987年.154—161页

983.**关于探讨夏文化的条件问题**.邹衡.华夏文明（第一集）.北京大学出版社.1987年.162—179页

984.**试谈偃师商城的始建年代并兼论夏文化的上限**.赵芝荃、刘忠伏.华夏文明（第一集）.北京大学出版社.1987年.180—196页

985.**夏与东夷关系的初步探讨**.吴汝祚.华夏文明（第一集）.北京大学出版社.1987年.197—211页

986.**二里头遗址与夏文化**.郑光.华夏文明（第一集）.北京大学出版社.1987年.212—223页

987.**从考古发现探索夏文化的上限与下限**.杨育彬.华夏文明（第

一集）.北京大学出版社.1987年.224—233页

988.**对夏文化若干问题的看法**.李先登.华夏文明（第一集）.北京大学出版社.1987年.234—244页

989.**河南境内夏商城址的初步探讨**.安金槐.华夏文明（第一集）.北京大学出版社.1987年.245—256页

990.**中国古代城市起源问题的再探讨**.雷从云.华夏文明（第一集）.北京大学出版社.1987年.257—268页

991.**河南淮阳平粮台龙山文化古城考**.曹桂岑.华夏文明（第一集）.北京大学出版社.1987年.269—279页

992.**禹都考辨**.曲英杰.华夏文明（第一集）.北京大学出版社.1987年.280—294页

993.**登封王城岗城堡遗址时代试探**.陈绍棣.华夏文明（第一集）.北京大学出版社.1987年.295—305页

994.**试谈夏文化的起源**.胡悦谦.华夏文明（第一集）.北京大学出版社.1987年.306—322页

995.**山东二斟氏考略**.杜在忠.华夏文明（第一集）.北京大学出版社.1987年.323—339页

996.**商文化渊源探索**.杨宝成.华夏文明（第一集）.北京大学出版社.1987年.368—387页

997.**早商、夏和商的起源问题**.张光直.华夏文明（第一集）.北京大学出版社.1987年.408—424页

998.**建国以来夏史与夏文化研究论著目**.曲英杰（辑）.华夏文明（第一集）.北京大学出版社.1987年.467—491页

999.**二里头文化渊源探索**.方酉生.江汉考古1988年第1期.44—48页

1000.**二里头遗址的性质和年代**.郑光.考古与文物1988年第1

期.18—25页

1001.**王城岗城堡毁因初探**.董琦.考古与文物1988年第1期.32—35页

1002.**牙璋新解**.王永波.考古与文物1988年第1期.36—47页

1003.**下王岗晚二期文化性质及相关问题探讨**.李龙章.考古1988年第7期.638—644页

1004.**综述夏商四都之年代和性质——为参加1987年9月在安阳召开的"中国殷商文化国际讨论会"而作**.邹衡.殷都学刊1988年第1期.2—16页

1005.**二里头遗址墓葬浅析**.缪雅娟、刘忠伏.文物研究第三期.黄山书社.1988年.21—34页

1006.**夏商周时代考古（上）**.张辛.文史知识1988年第3期.70—73页

1007.**中华文明起源"新说"驳议**.蔡凤书.文史哲1988年第4期.12—15页

1008.**夏文化研究的新成果——读《华夏文明》第一集**.王宇信.光明日报1988年10月3日

1009.**《禹贡》九州风土考古学丛考**.邵望平.九州学刊第2卷第2期.香港中华文化促进中心.1988年.23—30页

1010.**夏文化之谜**.叶达雄.庆祝王任光教授七秩嵩庆·中西历史与文化研讨会论文集.文史哲出版社（台北）.1988年

1011.**试论河南地区龙山文化的社会性质**.安金槐.中原文物1989年第1期.20—24页

1012.**简析淅川下王岗晚二期文化和先商文化**.赵芝荃.中原文物1989年第2期.15—19+6页

1013.建国以来的夏文化探索.郑杰祥.中原文物1989年第3期.27—34页

1014.淮阳的考古发现与研究.曹桂岑.中原文物1989年第4期.64—70页

1015.擂钵源流考.叶文宽.考古1989年第5期.456—462页

1016.十年来河南夏商考古的发现与研究.安金槐.华夏考古1989年第3期.11—16页

1017.二里头遗址与偃师商城.赵芝荃.考古与文物1989年第2期.76—83页

1018.王城岗城堡筑墙技术源流.董琦.江汉考古1989年第1期.48—53页

1019.对探索夏文化的一点看法.张德光.文物季刊1989年第1期.18—21+63页

1020.夏都考述.曲英杰.文物季刊1989年第2期.37—42+47页

1021.中国早期铜器有关问题的再探讨.滕铭予.北方文物1989年第2期.8—18页

1022.论我国古代的氏族部落联盟.侯毅.文博1989年第3期.63—67+62页

1023.试论中原地区文明的起源.方西生、赵连生.史学月刊1989年第2期.8—12页

1024.从夏代各部族的分布和相互关系看商族的起源地.刘绪.史学月刊1989年第3期.13—18页

1025.试论豫东地区夏商时代的文化性质.宋豫秦.郑州大学学报（哲学社会科学版）1989年第1期.7—11+6页

1026.关于夏文化源的探索——由古本《竹书纪年》夏代“西河”

地望谈起.史道祥.郑州大学学报（哲学社会科学版）1989年第2期.85—91+84页

1027.**试论夏商时期东方地区的考古学文化**.王迅.北京大学学报（哲学社会科学版）1989年第2期.55—68页

1028.**论黄河流域在中华文明起源中的地位——兼谈夏王朝建立的契因**.王飞.中国人民大学学报1989年第3期.95—102页

1029.**陶寺墓地及其相关问题**.宁立新.太原师专学报1989年第1期.75页

1030.**歧见纷纭的二里头文化**.马世之.学术百家1989年第5期

1031.**夏文化概念新解**.阎忠.松辽学刊（社会科学版）1989年第4期.30—32页

1032.**早期中国的四大联盟集团**.俞伟超.中国历史博物馆馆刊总第13、14期合刊1989年.31—40页

1033.**中国商代前期青铜容器分期**.金岳.考古学集刊（第6集）.中国社会科学出版社.1989年.204—226页

1034.**龙山时代的礼制**.高炜.庆祝苏秉琦考古五十五年论文集.文物出版社.1989年.235—244页

1035.**陶寺文化与龙山时代**.张岱海.庆祝苏秉琦考古五十五年论文集.文物出版社.1989年.245—251页

1036.**二里头文化与二里冈期文化**.赵芝荃.庆祝苏秉琦考古五十五年论文集.文物出版社.1989年.273—279页

1037.**甲骨文土方为夏民族考**.胡厚宣.古代城邦史研究.人民出版社.1989年.340—353页

1038.**《禹贡》“九州”的考古学研究——兼说中国文明的多源性**.邵望平.考古学文化论集（二）.文物出版社.1989年.11—30页

1039.**陶寺考古发现对探讨中国古代文明起源的意义**.高炜.中国原始文化论集——纪念尹达八十诞辰.文物出版社.1989年.56—68页

1040.**略论“中原龙山文化”的统一性与多样性**.王震中.中国原始文化论集——纪念尹达八十诞辰.文物出版社.1989年.153—184页

1041.**论龙山文化时期古城址**.曲英杰.中国原始文化论集——纪念尹达八十诞辰.文物出版社.1989年.267—280页

1042.**夏文化研讨的回顾与展望**.邹衡.中原文物1990年第2期.1—12页

1043.**羿浞代夏少康中兴轶史与年代学和考古学解释**.庄春波.中原文物1990年第2期.45—53页

1044.**淮阳平粮台城址社会性质探析**.曹桂岑.中原文物1990年第2期.89—92页

1045.**中国青铜文化的发展阶段与分区系统**.李伯谦.华夏考古1990年第2期.82—91页

1046.**二里头文化与夏纪年**.庄春波.史学月刊1990年第2期.1—7页

1047.**夏商历史谱新篇——评《夏商史稿》**.方酉生.江汉考古1990年第3期.97+96页

1048.**从淮阳平粮台龙山文化城址的发现说到城与文明起源的关系**.方酉生.历史教学问题1990年第2期.57—60页

1049.**淮阳平粮台古城的族属问题**.马世之.中州学刊1990年第2期.108—112+116页

1050.**试论龙山文化晚期的社会形态**.郑洪春.文博1990年第4期.52—56页

1051.**二里头文化渊源探析（摘要）**.张立东.青年考古学家1990年第3期.37—40页

1052.**平粮台古城遗址与陈国相关问题**.陈昌远.河南大学学报（哲学社会科学版）1990年第4期.67—73+91页

1053.**试析早期青铜的发明在中国文明诞生过程中的作用**.宋豫秦.郑州大学学报（哲学社会科学版）1990年第3期.78—84页

1054.**忆徐炳昶先生“夏墟”之行**.方酉生.中国文物报1990年3月8日

1055.**美国“夏文化国际研讨会”侧记**.王宇信.中国史研究动态1990年第8期.22—25页

1056.**论夏代文化的特质**.李元.求是学刊1990年第5期.77—81+85页

1057.**夏商周离我们有多远？——读张光直《中国青铜时代》一、二集**.李学勤.读书1990年第3期.16—24页

1058.**“二里头”与华夏文化源头**.马先醒.简牍学报1990年第13期.299—318页

1059.**夏文化可能讨论吗？——1990年洛杉矶加大“夏文化国际研讨会”纪要**.杜正胜.新史学1990年第2期.115—129页

1060.**论中国锯齿形古玉**.林巳奈夫.美国洛杉矶加州大学“夏文化国际研讨会”论文.1990年

1061.**再论河南登封王城岗城址与夏代阳城**.安金槐.美国洛杉矶加州大学“夏文化国际研讨会”论文.1990年

1062.**谈谈中国上古史的年代学问题**.郑光.中国第四纪冰川与第四纪地质论文集（第六集）.地质出版社.1990年.215—229页

1063.**夏商周三代都制与三代文化异同**.张光直.中国青铜时代·二集.生活·读书·新知三联书店.1990年.15—38页

1064.**二里头文化的传播与夏遗民的迁徙**.杜金鹏.河洛文化论丛（第一辑）.河南大学出版社.1990年.103—118页

1065.**论卫怀地区的夏商文化**.刘绪.纪念北京大学考古专业三十周年论文集（1952—1982）.文物出版社.1990年.171—210页

1066.**中国早期铜器的发现与研究**.张忠培.中国北方考古文集.文物出版社.1990年.231—239页

1067.**夏代考古及其国家发展的探索**.杜正胜.考古1991年第1期.43—56页

1068.**中国夏商王国文明与方国文明试论**.佟柱臣.考古1991年第11期.1003—1018+1031页

1069.**二里头遗址二里头文化陶器编年辨微**.李维明.中原文物1991年第1期.32—38页

1070.**夏文化与先商文化关系探讨**.李伯谦.中原文物1991年第1期.1—7页

1071.**豫东地区考古学文化初论**.段宏振、张翠莲.中原文物1991年第2期.13—16页

1072.**陶寺文化再研究**.罗新、田建文.中原文物1991年第2期.17—21+36页

1073.**舜都于淮阳平粮台龙山文化古城考**.秦文生.中原文物1991年第4期.45—50+56页

1074.**关于夏桀奔南巢的考古学探索及其意义**.杜金鹏.华夏考古1991年第2期.22—32页

1075.**试论曲梁、岔河夏商文化遗址的分期**.李维明.华夏考古1991年第2期.33—48页

1076.**陶寺类型为有虞氏遗存论**.许宏、安也致.考古与文物1991年第6期.34—39页

1077.**登封告成王城岗城址与禹居阳城**.方酉生.历史教学问题1991

年第3期.59—61+16页

1078.**夏商人口初探**.宋镇豪.历史研究1991年第4期.92—106页

1079.**夏都靠近盐池新证**.朱大为、汪波.盐业史研究1991年第1期.57—64页

1080.**简论陶寺类型不是夏文化——兼谈二里头文化的性质**.刘绪.史前研究辑刊1990—1991年.1991年.181—185页

1081.**论王城岗类型**.董琦.史前研究辑刊1990—1991年.1991年.196—204页

1082.**东南地区：夏文化的萌生与崛起——从中国新石器时代晚期主要文化圈的比较研究探寻夏文化**.陈剩勇.东南文化1991年第1期.1—22页

1083.**洛杉矶“夏文化国际研讨会”英文本论文译述**.闫敏.人文杂志1991年第4期.93—98页

1084.**夏商之间过渡期间的青铜容器**.马承源.东方杂志（香港）1991年第2期

1085.**夏文化渊源初探**.王鑫.青年考古学家1991年第4期.25—27页

1086.**夏商考古方法散论**.李维明.青年考古学家1991年第6期.11—12页

1087.**关于偃师二里头遗址开发的设想**.金德文.河洛春秋1991年第1期.4—8页

1088.**二里头宫殿遗址非商人宫殿遗址辨**.杨向阳.上海教育学院学报1991年第1期.56—60页

1089.**对于夏史教学应有的认识**.王仲孚.中等教育双月刊第42卷3期.1991年

1090.**由二里头的两个上古建筑遗址论中国传统四合院的原型**.徐

明福.成功大学学报（人文社会篇）第二十五期.1991年

1091.**晋南夏人探踪**.卫崇文.运城高专学报1991年第1期.47—49+67页

1092.**考古学上的一颗明珠——二里头遗址**.郑光.中国文物报1991年9月8日

1093.**关于二里头文化的性质问题**.郑杰祥.中国文物报1991年9月8日

1094.**纵谈夏文化研究**.杨升南.中国文物报1991年9月8日

1095.**论二里头文化的饕餮纹铜饰**.李学勤.中国文物报1991年10月20日

1096.**夏代都居与二里头文化**.严耕望.严耕望史学论文选集.联经出版事业公司（台北）.1991年.3—26页

1097.**豫晋龙山文化房屋建筑比较分析**.傅淑敏.文物1992年第9期.88—94页

1098.**近10年洛阳市文物工作队考古工作概述**.叶万松.文物1992年第3期.40—45+54页

1099.**考古学与中国古代史研究——一个方法学的探讨**.杜正胜.考古1992年第4期.335—346页

1100.**龙山文化王油坊类型初论**.栾丰实.考古1992年第10期.924—935+958页

1101.**夷夏商三种考古学文化交汇地域浅谈**.宋豫秦.中原文物1992年第1期.11—19页

1102.**洛汭考**.赵玉安、廖永民.中原文物1992年第4期.76—81页

1103.**东下冯类型及其相关问题**.刘绪.中原文物1992年第2期.66—71页

1104.**中国夏商文化研究的回顾与展望**.池田末利.殷都学刊1992年第1期.18—19页

1105.**晋南地区新石器时期考古学文化的新认识**.田建文、薛新民、杨林中.文物季刊1992年第2期.35—44+34页

1106.**夏与东夷族关系新探**.方酉生.东南文化1992年第2期.287—289页

1107.**郭沫若同志对夏代的研究**.李学勤.中国史研究1992年第3期.3—8页

1108.**田野考古学与夏代史研究**.方酉生.史学月刊1992年第3期.1—9页

1109.**先商文化中的二里头文化因素浅析**.母涛.四川文物1992年第6期.10—12页

1110.**龙山文化与良渚文化衰变的奥秘——致"纪念发掘城子崖遗址六十周年国际学术讨论会"的贺信**.俞伟超.文物天地1992年第3期.27—28页

1111.**试论夏商之际的民族迁徙与融合——关于九州"禹迹"的考古学研究**.杜金鹏.郑州大学学报（哲学社会科学版）1992年第2期.50—58页

1112.**我国早期城市的防御设施研究**.李民、张国硕.河南师范大学学报（哲学社会科学版）1992年第1期.55—60页

1113.**禹铸九鼎辨析**.李先登.中国历史博物馆馆刊总第18、19期1992年.95—99页

1114.**夏族族源及河洛在夏文化中的地位**.史善刚、刘天厚.河南图书馆学刊1992年第3期.46—47页

1115.**嵌绿松石兽面纹青铜牌饰**.王光尧.中国文物报1992年8月9日

1116.**二里头与远方文化接触问题**.胡博.呼和浩特“中国古代北方民族考古文化国际学术讨论会”论文集.1992年

1117.**《夏史与夏文化研究书目》评介**.王仲孚.台湾师范大学历史学报1992年第20期

1118.**关于山西境内夏文化辨析**.杜金鹏.纪念山东大学考古专业创建20周年文集.山东大学出版社.1992年.198—209页

1119.**夏代的历史与夏商之际夏民族的迁徙**.徐中舒.先秦史论稿.巴蜀书社.1992年.29—52页

1120.**丁村新石器时代遗存与陶寺类型龙山文化的关系**.学晋.考古1993年第1期.52—59页

1121.**试论中国的早期铜器**.安志敏.考古1993年第12期.1110—1119页

1122.**试论中原地区国家的起源**.杨肇清.华夏考古1993年第1期.74—81页

1123.**夏商文化断代新探**.杜金鹏.中原文物1993年第1期.12—18页

1124.**八十年代河南夏商考古的新发现**.林木.中原文物1993年第3期.11—16页

1125.**浅谈开封地区的早期考古学文化**.刘春迎.中原文物1993年第4期.58—62+72页

1126.**试论东下冯类型文化的渊源**.王克林.文物春秋1993年第3期.12—19页

1127.**河洛在夏代政治疆域中的地位**.程传斌.河洛春秋1993年第3期.20—24页

1128.**二里头早期宫殿基址的发现与其科学价值**.杜金鹏.河洛春秋1993年第3期.37—39页

1129.**夏代早期都城今何在**.张诚.河洛春秋1993年第4期.12—14页

1130.**夏代阳城探索记**.安金槐.文物天地1993年第5期.32—35页

1131.**陶寺龙山文化大墓发掘追记**.郑若葵.文物天地1993年第6期.7—8页

1132.**山西龙山时代考古遗存的类型与分期**.宋建忠.文物季刊1993年第2期.44—63页

1133.**夏代族邦考**.周苏平.中国史研究1993年第4期.131—138页

1134.**二里头早期大型建筑基址的发现及其意义**.杜金鹏.中国文物报1993年2月28日

1135.**龙山文化的分期和地方类型**.赵辉.考古学文化论集（三）.文物出版社.1993年.230—269页

1136.**中原龙山文化葬制研究**.高炜.中国考古学论丛——中国社会科学院考古研究所建所40年纪念.科学出版社.1993年.90—105页

1137.**探索夏文化三十年**.赵芝荃.中国考古学论丛——中国社会科学院考古研究所建所40年纪念.科学出版社.1993年.182—189页

1138.**二里头遗址与我国早期青铜文明**.郑光.中国考古学论丛——中国社会科学院考古研究所建所40年纪念.科学出版社.1993年.190—195页

1139.**夏文化发祥地在东南——试以夏族埋葬礼俗及其礼、祭器作证**.陈剩勇.中华民族史研究（第一辑）.广西人民出版社.1993年.161—172页

1140.**夏商玉器综述**.陈志达.中国玉器全集（2）.河北美术出版社.1993年.1—23页

1141.**关于夏文化的几个问题**.姚政.大禹及夏文化研究.巴蜀书社.1993年.54—60页

1142.从禹封夏邑到夏王朝的建立.郭水林.大禹及夏文化研究.巴蜀书社.1993年.67—73页

1143.二里头类型文化的来源及相关问题.李德方.青果集——吉林大学考古专业成立二十周年考古论文集.知识出版社.1993年.165—172页

1144.洛阳新石器时代考古发现与研究.洛兵.河洛文明论文集.中州古籍出版社.1993年.14—37页

1145.洛阳三代都邑考实及其文化异同.赵芝荃.河洛文明论文集.中州古籍出版社.1993年.115—125页

1146.洛阳与三代文明.陈旭.河洛文明论文集.中州古籍出版社.1993年.126—137页

1147.夏代都邑文化研究.雷从云.河洛文明论文集.中州古籍出版社.1993年.153—166页

1148.“三代”同源与洛阳建都.蒋若是.中国古都研究（第八辑）.中国书店.1993年.178—183页

1149.论临朐朱封龙山文化玉冠饰及相关问题.杜金鹏.考古1994年第1期.55—65页

1150.试论稍柴下层遗存的文化性质.林秀贞.考古1994年第12期.1112—1117+1103页

1151.论二里头遗址的文化性质——兼论夏代国家的形成.方酉生.华夏考古1994年第1期.60- 67页

1152.从龙山文化城址谈起——试论中国古代文明的起源.孙广清、杨育彬.华夏考古1994年第2期.72—78页

1153.鹿台岗遗址自然崇拜遗迹的初步研究.匡瑜、张国硕.华夏考古1994年第3期.68—71+60页

1154.从二里头文化晚期遗存与先商文化异同看其性质归属.李维明.华夏考古1994年第3期.79—86+112页

1155.论二里头文化类型墓葬.郑若葵.华夏考古1994年第4期.63—81页

1156.夏文化内涵特征疑问.肖冰.华夏考古1994年第4期.99—104页

1157.与肖冰先生商谈夏文化的内涵问题.邹衡.华夏考古1994年第4期.105—106+39页

1158.后岗二期文化煤山类型与二里头文化的关系以及桀奔南巢.吴汝祚.中原文物1994年第2期.67—72页

1159.略论郑州地区的龙山文化.李友谋.中原文物1994年第4期.27—32+39页

1160.夏后氏居于古河济之间考.沈长云.中国史研究1994年第3期.113—122页

1161.河洛地区——华夏文明的策源地.陈昌远.史学月刊1994年第1期.9—15页

1162.夏商考古新的发现与思考.杜金鹏.郑州大学学报（哲学社会科学版）1994年第1期.18—21页

1163.论夏代青铜器.杜迺松.文史知识1994年第2期.64—69页

1164.论禹治洪水真象兼论夏史研究诸问题.沈长云.学术月刊1994年第6期.71—77页

1165.牙璋述要.杨伯达.故宫博物院院刊1994年第3期.41—47页

1166.中国青铜时代最早形成的地域和年代初论.黄盛璋.传统文化与现代化1994年第1期.29—39页

1167.四千年前黄河北流改道与鲧禹治水考.周述椿.中国历史地理论丛1994年第1期.71—83页

1168.**夷夏关系新论**.王宁.东岳论丛1994年第6期.87—89页

1169.**明水玄酒　蘋蘩蕴藻——从祭品看夏文化特征及影响**.李炳海.山西大学学报（哲学社会科学版）1994年第3期.14—19页

1170.**从二里头遗址的牙璋谈起**.郑光.文物天地1994年第2期.15—17页

1171.**公元前25世纪—13世纪晋南地区的文化更迭与历史变迁**.叶文宪.铁道师院学报（社会科学版）1994年第3期.42—47页

1172.**夏文化的探索**.梁星彭.黄河文化.华艺出版社.1994年

1173.**试论太原东太堡类型**.侯毅.山西省考古学会论文集（二）.山西人民出版社.1994年.100—104页

1174.**从殷墟到二里头——夏文化探索述略**.李友谋、陈旭.寻根1995年第1期.4—7页

1175.**夏文化的上下时限——兼论郑州商城的属性**.杨育彬.寻根1995年第1期.8—10页

1176.**夏文化东南说**.陈剩勇.寻根1995年第1期.10—13页

1177.**中国文明起源始于二里头文化——兼议多源说**.安志敏.寻根1995年第6期.7—8页

1178.**尸乡沟夏商遗址年代解析与综合**.李维明.中原文物1995年第1期.16—22页

1179.**夏代前有个联邦制王朝**.许顺湛.中原文物1995年第2期.1—6页

1180.**晋南龙山期文化同东下冯类型的关系**.吉琨璋.中原文物1995年第2期.27—30+6页

1181.**禹征三苗探索**.杨新改、韩建业.中原文物1995年第2期.46—55页

1182.**试从淅川下王岗文化遗存考察文明起源的历史过程**.李绍连.中原文物1995年第2期.21—26页

1183.**试论豫东地区的龙山文化及其源流**.郑清森.中原文物1995年第3期.46—52页

1184.**王城岗遗址的再探讨**.马世之.中原文物1995年第3期.53—57页

1185.**河洛地区的文明起源**.张德水.中原文物1995年第3期.58—64页

1186.**古文“夏”字考——夏朝存在的文字见证**.曹定云.中原文物1995年第3期.65—75页

1187.**关于龙山文化的考古学思考**.赵清.中原文物1995年第4期.62—69页

1188.**试论豫东西部地区龙山时代文化遗存**.魏兴涛.华夏考古1995年第1期.44—64页

1189.**试论夏家店下层文化中的二里头文化因素**.杜金鹏.华夏考古1995年第3期.57—62+40页

1190.**中国文明的起源与形成**.李伯谦.华夏考古1995年第4期.18—25+58页

1191.**论豫西南、鄂西北地区虞夏时期的考古学类型**.董琦.南方文物1995年第3期.60—73页

1192.**偃师二里头遗址第三期遗存与桀都斟鄩**.方酉生.考古1995年第2期.160—169+185页

1193.**三星堆文化与二里头文化的关系及相关问题**.杜金鹏.四川文物1995年第1期.3—9页

1194.**洛阳建都从夏代开始**.李先登.河洛春秋1995年第1期.1—2页

1195.**华夏文明与河南龙山文化**.方孝廉.河洛春秋1995年第2期.22—27页

1196.**试析二里头遗址与夏代王都**.郭洪涛.古都文化1995年第8期

1197.**论夏商三都**.赵芝荃.古都文化1995年第8期

1198.**文明起源・夏文化・河南古城新发现**.杨育彬.先秦史研究动态1995年第2期.1—5页

1199.**二里头遗址的发掘与夏文化的探讨**.郑光.先秦史研究动态1995年第2期.6—9页

1200.**关于夏文化的年代上限**.张立东.先秦史研究动态1995年第2期.10—13页

1201.**夏商周关系的考古学探索的几点思考**.徐良高.先秦史研究动态1995年第2期.14—17页

1202.**1994年夏文化研究的几个方面**.李健民.先秦史研究动态1995年第2期.18—20页

1203.**全国夏文化学术研讨会在洛阳召开**.秦慧密.先秦史研究动态1995年第2期.21页

1204.**夏文化的重要证据——陶寺遗址出土彩绘陶盘图案考释**.李修松.齐鲁学刊1995年第1期.82—87页

1205.**二里头类型探源——兼论早期夏文化**.金子.中国文物报1995年4月16日

1206.**《夏商社会生活史》简评**.刘学顺.中国文物报1995年4月23日

1207.**武陟大司马遗址的剥头皮遗痕及其意义**.杨贵金、张立东.中国文物报1995年8月27日

1208.**从夏文化看中华文明多源、一元和多样的特点**.葛剑雄.大禹论——’95大禹学术讨论会论文集.浙江大学出版社.1995年.57—62页

1209.**夏代考古与大禹治水（提纲）**.晁华山.大禹论.浙江大学出版社.1995年.162—164页

1210.**试论中原地区国家的起源**.杨肇清.夏商文明研究——1991年洛阳“夏商文化国际研讨会”专集.中州古籍出版社.1995年.23—39页

1211.**夏是中国历史上第一个统一的奴隶制大国**.李绍连.夏商文明研究——91年洛阳“夏商文化国际研讨会”专集.中州古籍出版社.1995年.40—57页

1212.**夏王朝的军事制度**.王宇信.夏商文明研究——91年洛阳“夏商文化国际研讨会”专集.中州古籍出版社.1995年.58—67页

1213.**试论文献史料对于夏史研究的重要性——兼释夏**.王仲孚.夏商文明研究——91年洛阳“夏商文化国际研讨会”专集.中州古籍出版社.1995年.68—79页

1214.**二里头文化是夏文化说**.刘士莪.夏商文明研究——91年洛阳“夏商文化国际研讨会”专集.中州古籍出版社.1995年.80—92页

1215.**偃师二里头二号宫殿夏都宗庙论**.叶万松、李德方.夏商文明研究——91年洛阳“夏商文化国际研讨会”专集.中州古籍出版社.1995年.93—102页

1216.**夏都斟鄩与二里头文化遗址**.王新年.夏商文明研究——91年洛阳“夏商文化国际研讨会”专集.中州古籍出版社.1995年.103—111页

1217.**夏朝初期启与有扈氏的战事**.聂玉海.夏商文明研究——91年洛阳“夏商文化国际研讨会”专集.中州古籍出版社.1995年.112—117页

1218.**夏代有扈氏与豫北龙山文化**.段振美.夏商文明研究——91年洛阳“夏商文化国际研讨会”专集.中州古籍出版社.1995年.118—121

页

1219.**关于“夏”的神话**.艾兰.夏商文明研究——91年洛阳“夏商文化国际研讨会”专集.中州古籍出版社.1995年.122—140页

1220.**关于二里头文化——二里头类型第一期不属于二里头文化**.饭岛武次.夏商文明研究——91年洛阳“夏商文化国际研讨会”专集.中州古籍出版社.1995年.141—145页

1221.**岳石文化与夏商文化**.田昌五、方辉.夏商文明研究——91年洛阳“夏商文化国际研讨会”专集.中州古籍出版社.1995年.397—410页

1222.**论太湖流域的古代文明——兼论与中原夏文化的关系**.商志䭲.夏商文明研究——91年洛阳“夏商文化国际研讨会”专集.中州古籍出版社.1995年.411—421页

1223.**偃师商城与二里头遗址的几个问题**.王学荣.考古1996年第5期.51—60页

1224.**河南二里头文化墓葬的几个问题**.袁广阔.考古1996年第12期.62—69页

1225.**中国王墓的出现**.严文明.考古与文物1996年第1期.24—26页

1226.**试论王城岗城堡和平粮台古城**.裴明相.华夏考古1996年第2期.86—89页

1227.**偃师尸乡沟城址是“夏桀所筑，商代利用的城邑”吗？**.方酉生.江汉考古1996年第1期.60—63+44页

1228.**虞夏时期的社会发展阶段**.董琦.中原文物1996年第3期.47—50页

1229.**试论豫东南地区的考古学文化与古农业形态**.李亚东、宋豫秦、雷兴山、韩建业.中原文物1996年第4期.41—43页

1230.**夏史四论**.刘国城.河洛春秋1996年第1期.1—5页

1231.**试论华夏与东夷集团文化交流及融合的地理背景**.王青.中国史研究1996年第2期.125—132页

1232.**夏商周三族起源研究述评**.张国硕.中国史研究动态1996年第10期.10—18页

1233.**河南杞县境内夏商夷三族之考古学文化**.刘春迎.史学月刊1996年第3期.106—110页

1234.**考古学研究与"夏商周断代工程"**.李伯谦.寻根1996年第5期.6—7页

1235.**河南夏、商考古与"夏商周断代工程"**.安金槐.寻根1996年第5期.11—12页

1236.**中国早期铜器的起源及发展**.王志俊.文博1996年第6期.30—37+55页

1237.**陶寺龙山文化遗址发掘的重大历史意义**.邱文选.山西文史资料1996年第5期.78—83页

1238.**夏王朝中心在伊洛和汾浍河流域考析——兼与《夏后氏居于古河济之间考》一文商榷**.方酉生.武汉大学学报（哲学社会科学版）1996年第3期.104—110页

1239.**试论夏都变迁地域**.张诚.郑州大学学报（哲学社会科学版）1996年第3期.50—55页

1240.**青铜时代早期中国北方的社会形态——关于二里头文化和夏家店下层文化的比较研究**.吉迪著，刘景岚译.昭乌达蒙族师专学报（汉文哲学社会科学版）1996年第3期.8—24页

1241.**试论豫东龙山文化时期的社会经济基础**.郑清森.黄淮学刊（哲学社会科学版）1996年第2期.91—94页

1242.**河南杞县境内的二里头文化**.刘春迎.中国文物报1996年10月27日

1243.**关于偃师二里头遗址发现的玉器**.林巳奈夫著，徐超龙译.台湾大学美术史研究集刊1996年第3期.1—40页

1244.**夏代玉器初探**.殷志强.故宫文物月刊第162期.1996年.74—99页

1245.**晋西南与中国古代文明的形成**.高炜.汾河湾——丁村文化与晋文化考古学术研讨会文集.山西高校联合出版社.1996年.111—118页

1246.**陶唐氏与陶寺遗存**.周苏平.考古文物研究——纪念西北大学考古专业成立四十周年文集（1956—1996）.三秦出版社.1996年.155—159页

1247.**夏商考古收获**.戴彤心.考古文物研究——纪念西北大学考古专业成立四十周年文集（1956—1996）.三秦出版社.1996年

1248.**垣曲古城东关遗址庙底沟二期文化和龙山文化遗存**.张素琳、佟伟华.三晋考古（第二辑）.山西人民出版社.1996年.141—191页

1249.**东下冯龙山晚期遗存分析及意义**.田建文.三晋考古（第二辑）.山西人民出版社.1996年.259—264页

1250.**试论豫西地区龙山文化类型中晚期与夏代文化早期的关系**.安金槐.夏文化研究论集.中华书局.1996年.3—10页

1251.**关于夏文化的几个问题**.杨育彬.夏文化研究论集.中华书局.1996年.11—15页

1252.**三论夏文化问题——夏文化探索与中原龙山文化**.黄石林.夏文化研究论集.中华书局.1996年.16—26页

1253.**再论关于探索夏文化的若干问题**.李先登.夏文化研究论集.中华书局.1996年.27—34页

1254.**夏文化探索中若干问题的思考**.孙华.夏文化研究论集.中华书局.1996年.35—37页

1255.**略论王湾文化——兼对“河南龙山文化”名称的讨论**.郭引强、宋云涛.夏文化研究论集.中华书局.1996年.42—45页

1256.**夏代的中原**.董琦.夏文化研究论集.中华书局.1996年.46—53页

1257.**“夷夏东西说”的考古学观察**.宋豫秦、李亚东.夏文化研究论集.中华书局.1996年.54—59页

1258.**论登封王城岗城堡的性质**.裴明相.夏文化研究论集.中华书局.1996年.60—65页

1259.**二里头遗址的发掘——中国考古学上的一个里程碑**.郑光.夏文化研究论集.中华书局.1996年.66—80页

1260.**“偃师商城”为夏桀都邑说**.张锴生.夏文化研究论集.中华书局.1996年.92—102页

1261.**中原龙山文化城址与华夏文明的形成**.马世之.夏文化研究论集.中华书局.1996年.103—108页

1262.**夏代都城的变迁**.张之恒.夏文化研究论集.中华书局.1996年.109—112页

1263.**夏都与夏文化**.张立东.夏文化研究论集.中华书局.1996年.113—118页

1264.**从古文献上证明夏代的存在**.赵光贤.夏文化研究论集.中华书局.1996年.122—123页

1265.**顾颉刚关于夏史的论述**.王煦华.夏文化研究论集.中华书局.1996年.124—127页

1266.**再论夏王朝前夕的社会形态**.许顺湛.夏文化研究论集.中华

书局.1996年.128—135页

1267.**试论夏代社会结构的若干问题**.晁福林.夏文化研究论集.中华书局.1996年.136—142页

1268.**夏商法律制度研究**.宋镇豪.夏文化研究论集.中华书局.1996年.149—159页

1269.**夏商周始祖起源传说探析**.杜金鹏.夏文化研究论集.中华书局.1996年.160—164页

1270.**夏国家形成的地理因素**.张德水.夏文化研究论集.中华书局.1996年.170—175页

1271.**二里头文化南渐与伐三苗史迹索隐**.罗琨.夏文化研究论集.中华书局.1996年.197—204页

1272.**《山海经》与夏文化略论**.霍宏伟.夏文化研究论集.中华书局.1996年.212—214页

1273.**夏代是中华文明发展过程中的一个里程牌**.吴汝祚.夏文化研究论集.中华书局.1996年.215—220页

1274.**试析华夏文明的起源及形成**.杨肇清.夏文化研究论集.中华书局.1996年.221—231页

1275.**从考古发现看华夏文明的起源与形成问题**.杨国勇.夏文化研究论集.中华书局.1996年.232—238页

1276.**试论夏代农业和手工业的发展**.张剑、孙新科.夏文化研究论集.中华书局.1996年.245—251页

1277.**关于夏代文字的一点思考——兼论中国文字的起源**.常耀华.夏文化研究论集.中华书局.1996年.252—265页

1278.**夏代及其文化**.方孝廉.夏文化研究论集.中华书局.1996年.266—273页

1279.**夏文化起、止年代的问题**.赵芝荃.夏文化研究论集.中华书局.1996年.277—283页

1280.**关于中国史的年代学问题——探索夏文化的关键之一**.郑光.夏文化研究论集.中华书局.1996年.284—301页

1281.**王湾遗址有关学术问题的探索**.李仰松.洛阳考古四十年——1992年洛阳考古学术研讨会论文集.科学出版社.1996年.84—94页

1282.**中原龙山文化王湾类型再分析**.赵春青.洛阳考古四十年——1992年洛阳考古学术研讨会论文集.科学出版社.1996年.95—115页

1283.**河南龙山文化水井初探**.杨肇清.洛阳考古四十年——1992年洛阳考古学术研讨会论文集.科学出版社.1996年.116—120页

1284.**洛阳地区新石器时代文化区系**.李友谋.洛阳考古四十年——1992年洛阳考古学术研讨会论文集.科学出版社.1996年.139—145页

1285.**伊洛系文化是中国早期文明的主源**.李绍连.洛阳考古四十年——1992年洛阳考古学术研讨会论文集.科学出版社.1996年.150—155页

1286.**中国文明起源多元论与有中心论**.陈旭.洛阳考古四十年——1992年洛阳考古学术研讨会论文集.科学出版社.1996年.156—163页

1287.**对于偃师二里头商代早期遗址和偃师商城“西亳”说的进一步认识**.安金槐.洛阳考古四十年——1992年洛阳考古学术研讨会论文集.科学出版社.1996年.182—184页

1288.**豫东地区新石器时代文化初探**.张志清.河南文物考古论集.河南人民出版社.1996年.86—91页

1289.**豫东西部地区考古文化概论**.魏兴涛.河南文物考古论集.河南人民出版社.1996年.92—97页

1290.**河南商丘地区新石器时代考古综述**.王良田.河南文物考古论

集.河南人民出版社.1996年.98—111页

1291.**中国古代文明起源的考古观察**.孙广清.河南文物考古论集.河南人民出版社.1996年.142—154页

1292.**龙山文化与中国古代文明**.曹桂岑.河南文物考古论集.河南人民出版社.1996年.161—169页

1293.**如何评估夏文化探索取得的进展**.李友谋.河南文物考古论集.河南人民出版社.1996年.186—191页

1294.**三代都洛水系考辨**.叶万松、李德方.河南文物考古论集.河南人民出版社.1996年.192—200页

1295.**浅谈夏文化的起源及其传播**.秦文生、杨振威.河南文物考古论集.河南人民出版社.1996年.201—202页

1296.**浅谈河南杞县境内的二里头文化**.刘春迎.河南文物考古论集.河南人民出版社.1996年.203—208页

1297.**原城考**.杨肇清.河南文物考古论集.河南人民出版社.1996年.226—230页

1298.**桀都管窥**.张锴生.河南文物考古论集.河南人民出版社.1996年.231—235页

1299.**王城岗、二里头、尸乡沟商城和郑州商城的文化分期与发展序列**.安金槐.河南文物考古论集.河南人民出版社.1996年.236—241页

1300.**王湾三期文化研究**.韩建业、杨新改.考古学报1997年第1期.1—22页

1301.**城址、文字及文明起源**.蔡凤书.中国史研究1997年第1期.15—24页

1302.**夏史物证——兼论歧锋端刃器的定名**.高大伦、李峰.中国史研究1997年第2期.3—10页

1303.**禹都阳城即濮阳说**.沈长云.中国史研究1997年第2期.11—18页

1304.**清凉山龙山遗存的分期及相关问题**.段宏振.文物春秋1997年第1期.1—17页

1305.**论夏族的起源**.王克林.文物季刊1997年第3期.31—40页

1306.**试析鹿台岗遗址Ⅰ、Ⅱ号遗迹的性质**.刘春迎.江汉考古1997年第2期.45—49页

1307.**偃师尸乡沟城址是商汤灭夏后始建之都西亳——兼与《偃师尸乡沟古城的几个问题》一文商榷**.方酉生.江汉考古1997年第3期.56—62页

1308.**沁水下游的夏文化与先商文化**.杨贵金.中原文物1997年第2期.32—38+59页

1309.**再议东下冯类型**.李维明.中原文物1997年第2期.28—31页

1310.**论禹、戎禹和九州的关系**.郑杰祥.中原文物1997年第3期.101—105+88页

1311.**二里头文化与中国古代文明**.王迅.考古与文物1997年第3期.61—68页

1312.**豫西颍河上游在探索夏文化遗存中的重要地位**.安金槐.考古与文物1997年第3期.54—60页

1313.**考古研究所夏商周考古二十年**.中国社会科学院考古研究所夏商周考古研究室（王巍）.考古1997年第8期.20—29页

1314.**夏朝的建立和华夏民族的形成及与周边民族群体的关系**.尤中.思想战线1997年第2期.50—55页

1315.**论夏商周三代青铜礼器的工艺文化特征**.范琪.史学月刊1997年第4期.15—19页

1316.**走进夏商**.常耀华.读书1997年第3期.28—34页

1317.**“夏、商前期考古年代学研讨会”记略**.杨育彬.寻根1997年第6期.43—44页

1318.**1995年夏代考古与夏史研究**.张立东.中国史研究动态1997年第10期.11—16页

1319.**夏文化北播及其与匈奴关系的初步考察**.陈立柱.历史研究1997年第4期.18—35页

1320.**二里头遗址即夏都斟鄩考**.吴少珉、郭洪涛.洛阳大学学报1997年第1期.10—14页

1321.**我国新石器时代城址综合研究**.张国硕、阴春枝.郑州大学学报（哲学社会科学版）1997年第2期.58—62页

1322.**夏文化的起源与发展阶段**.韩建业.北京大学学报（哲学社会科学版）1997年第4期.120—125页

1323.**二里头陶器的一个奇异符号**.李学勤.华学第二辑.中山大学出版社.1997年.115—117页

1324.**试论豫东南地区龙山时代的考古学文化**.韩建业.考古学研究（三）.科学出版社.1997年.68—83页

1325.**山西夏都考辨**.张立东.考古求知集——’96考古研究所中青年学术讨论会文集.中国社会科学出版社.1997年.273—285页

1326.**试论夏史研究的考古学基础**.王仲孚.中国考古学与历史学之整合研究（上）.“中央研究院”历史语言研究所出版品编辑委员会（台北）.1997年.257—288页

1327.**偃师商城与夏商文化分界**.高炜、杨锡璋、王巍、杜金鹏.考古1998年第10期.66—79页

1328.**试论夏商文化的分界**.袁广阔.考古1998年第10期.80—89页

1329.**陶寺遗存与陶寺文化**.董琦.华夏考古1998年第1期.30—37+16页

1330.**龙山时代的古城与墓葬**.靳桂云.华夏考古1998年第1期.38—45+50页

1331.**龙山文化的酋邦与聚落形态**.刘莉著，星灿译.华夏考古1998年第1期.88—105页

1332.**禹居（都）阳城考辨**.方酉生.江汉考古1998年第1期.66—72+65页

1333.**从夏文化的礼器探讨夏族的起源**.吕琪昌.中原文物1998年第3期.24—35页

1334.**良渚的蛇纹陶片和陶寺的彩绘龙盘——兼论良渚文化北上中原的性质**.朱乃诚.东南文化1998年第2期.15—22页

1335.**商代前期垣曲盆地的统治中心——垣曲商城**.佟伟华.中国历史博物馆馆刊1998年第1期.89—100页

1336.**驻马店杨庄遗址发现的兽骨及其意义**.周军、朱亮.考古与文物1998年第5期.56—59+93页

1337.**禹文化西兴东渐简论**.谭继和.四川文物1998年第6期.8—13页

1338.**多学科相结合的“夏商周断代工程”及其新进展**.李学勤.中国史研究1998年第4期.3—7页

1339.**追寻早期夏文化的踪迹**.方燕明.民族艺术1998年第3期.36—41页

1340.**近年来山西考古新发现**.任志录.中国文化画报1998年第5期.6—15页

1341.**《归藏》与夏启的传说——兼论台与祭坛的关系及钧台的地望**.王明钦.华学第三辑.紫禁城出版社.1998年.212—226页

1342.**洛阳夏商周三代都邑发掘记**.赵芝荃.河南文史资料1998年第3期.54—63页

1343.**夏、商、周三代及其前期考古学的进展与前瞻**.张忠培.故宫学术季刊1998年第4期.1—11页

1344.**夏代的疆域**.朱玲玲.史学月刊1998年第4期.16—22页

1345.**从夏族北上晋南看夏族的起源**.张国硕.郑州大学学报（哲学社会科学版）1998年第6期.101—105页

1346.**试论夏文化探索**.杜金鹏.刘敦愿先生纪念文集.山东大学出版社.1998年.199—215页

1347.**对二里头文化的几点认识**.高大伦.四川大学考古专业创建三十五周年纪念文集.四川大学出版社.1998年.126—137页

1348.**浅谈开封地区的早期考古学文化**.刘春迎.开封考古发现与研究.中州古籍出版社.1998年.103—111页

1349.**开封地区夏商文化探索**.李合群.开封考古发现与研究.中州古籍出版社.1998年.112—114页

1350.**偃师商城与桀都斟鄩**.赵清.跋涉集——北京大学历史系考古专业七五届毕业生论文集.北京图书馆出版社.1998年.123—131页

1351.**从考古发现谈夏、商前期年代学研究及其相关问题**.杨育彬.徐中舒先生百年诞辰纪念文集.巴蜀书社.1998年.264—268页

1352.**龙山时代与二里头文化时期——中国文明起源的两个阶段**.张强禄.广州文物考古集.文物出版社.1998年.78—98页

1353.**二里头遗址的发掘与研究**.郑光.中国社会科学院考古研究所考古博物馆洛阳分馆.文化艺术出版社.1998年.23—26页

1354.**徐中舒先生与夏文化研究**.陈力.新学术之路——“中央研究院”历史语言研究所七十周年纪念文集.中央研究院历史语言研究

所.1998年.319—330页

1355.**陶寺文化玉器及相关问题**.高炜.东亚玉器（第一册）.香港中文大学中国考古艺术研究中心.1998年.192—200页

1356.**二里头玉器与中国玉器文化**.郑光.东亚玉器（第二册）.香港中文大学中国考古艺术研究中心.1998年.2—17页

1357.**论夏文字与夏文化**.朱歧祥.甲骨文研究——中国古文字与文化论稿.里仁书局（台北）.1998年.30—40页

1358.**说羌——评估甲骨文的羌是夏遗民说**.朱歧祥.甲骨文研究——中国古文字与文化论稿.里仁书局（台北）.1998年.41—50页

1359.**概述近十余年来商代考古的研究**.殷玮璋、曹淑琴.中国商文化国际学术讨论会论文集.中国大百科全书出版社.1998年.1—10页

1360.**二里头陶器分期初论**.郑光.中国商文化国际学术讨论会论文集.中国大百科全书出版社.1998年.11—40页

1361.**二里头文化陶鬲管窥**.高天麟.中国商文化国际学术讨论会论文集.中国大百科全书出版社.1998年.41—48页

1362.**偃师商城与二里头遗址、郑州商城关系的比较**.刘士莪.中国商文化国际学术讨论会论文集.中国大百科全书出版社.1998年.103—108页

1363.**浅谈商人灭夏的路线**.杨贵金.中国商文化国际学术讨论会论文集.中国大百科全书出版社.1998年.152—154页

1364.**殷商与龙山时代墓葬制度的比较**.杨锡璋、高炜.中国商文化国际学术讨论会论文集.中国大百科全书出版社.1998年.208—219页

1365.**从三代墓葬看中原礼制的传承与创新——兼论与周边地区的关系**.杜正胜.中国商文化国际学术讨论会论文集.中国大百科全书出版社.1998年.220—226页

1366.**我国夏商时期的漆器工艺**.陈振裕.中国商文化国际学术讨论会论文集.中国大百科全书出版社.1998年.352—357页

1367.**试论河南境内的五处龙山文化地址**.安金槐.周秦文化研究.陕西人民出版社.1998年.36—41页

1368.**关于夏文化发祥地的思考**.姬乃军.考古与文物1999年第1期.44—47+35页

1369.**论夏、商文化的更替问题——为纪念二里头遗址发掘40周年而作**.赵芝荃.考古与文物1999年第2期.23—29页

1370.**关于夏文化的上限问题——与李伯谦先生商讨**.邹衡.考古与文物1999年第5期.50—55页

1371.**夏商周考古学五十年**.王巍.考古1999年第9期.23—34页

1372.**夏商周年代学研究的历史任务**.李学勤.文物1999年第3期.49—51页

1373.**夏商周断代工程考古课题的新进展**.李伯谦.文物1999年第3期.52—55页

1374.**简论夏朝的断代问题——为纪念二里头遗址发掘四十周年而作**.赵芝荃.中原文物1999年第1期.49—52页

1375.**从史前陶鬶与商代铜斝的关系探讨夏、商文化的分际**.吕琪昌.华夏考古1999年第1期.36—41页

1376.**试析长治小神遗址的二里头时期遗存**.严志斌.北方文物1999年第1期.25—30页

1377.**《尧典》历法体系的考古学研究**.冯时.文物世界1999年第4期.49—52页

1378.**中国古史中的年代问题**.田昌五.殷都学刊1999年第4期.33—37页

1379.**关于夏王朝始年的一些思考**.李伯谦.中国社会科学院古代文明研究中心通讯第3期1999年.1—8页

1380.**斟寻地望考**.郑慧生.许昌师专学报1999年第3期.73—74页

1381.**夏商周三族发展轨迹的再现——读《夏商周三族源流探索》**.李建党.郑州大学学报（哲学社会科学版）1999年第2期.124页

1382.**夏代铜器群研究**.李维明.首都师范大学史学研究.首都师范大学出版社.1999年.1—20页

1383.**“夏商周断代工程”启动以来有关夏商分界研究概述**.徐昭峰.中国文物报1999年6月16日

1384.**夏商周断代工程的实施与进展**.江林昌.中国文物报1999年6月23日

1385.**关于夏商分界研究的补白**.高炜.中国文物报1999年7月7日

1386.**濮阳新石器文化初探**.万洪瑞、王义印、王民选.中国文物报1999年8月11日

1387.**原城遗址的发掘与夏都原城**.陈彦堂.中国文物报1999年11月10日

1388.**聚合夏年**.果美侠、李维明.中国文物报1999年11月24日

1389.**王朝更替与文化融合**.董琦.中国文物报1999年11月24日

1390.**从龙山晚期的中原态势看二里头文化的形成——兼谈早期夏文化的几个问题**.冰白.中国考古学的跨世纪反思.商务印书馆（香港）有限公司.1999年.289—304页

1391.**中原青铜文化系统的几个问题**.孙华.中国考古学的跨世纪反思.商务印书馆（香港）有限公司.1999年.305—334页

1392.**夏之谜**.艾兰.早期中国历史思想与文化.辽宁教育出版社.1999年.53—72页

1393.“景亳之会”的考古学观察.田昌五、方辉.夏商周文明研究——’97山东桓台中国殷商文明国际学术研讨会论文集.中国文联出版社.1999年.110—118页

1394.关于洛阳二里头文化时期墓葬的几个问题.张剑.夏商周文明研究——’97山东桓台中国殷商文明国际学术研讨会论文集.中国文联出版社.1999年.150—171页

1395.关于夏代立国前后的一点浅思.李虹、刁淑琴.耕耘论丛（一）.科学出版社.1999年.6—8页

1396.二里头一期文化的社会性质.王献本.洛阳博物馆建馆四十周年纪念文集（1958—1998）.科学出版社.1999年.9—15页

1397.论夏、商三都的更迭问题.赵芝荃.洛阳博物馆建馆四十周年纪念文集（1958—1998）.科学出版社.1999年.16—21页

1398.太行山东麓地区夏时期考古学文化浅析.张翠莲.三代文明研究（一）.科学出版社.1999年.175—185页

1399.论夏商周三族的起源.张国硕.三代文明研究（一）.科学出版社.1999年.280—285页

1400.论夏商西周三代城市之特质.许宏.三代文明研究（一）.科学出版社.1999年.286—295页

1401.豫西南地区新石器文化的发展序列及其与邻近地区的关系.樊力.考古学报2000年第2期.147—182页

1402.孟庄遗址龙山文化遗存研究.袁广阔.考古2000年第3期.21—38页

1403.关于孟庄龙山城址毁因的思考.袁广阔.考古2000年第3期.39—44页

1404.读《偃师二里头》.杜金鹏.考古2000年第8期.93—96页

1405.以中原为中心的历史趋势的形成.赵辉.文物2000年第1期.41—47页

1406.二里头青铜器的自然科学研究与夏文明探索.金正耀.文物2000年第1期.56—64+69页

1407.夏商周断代工程1996~2000年阶段成果概要.夏商周断代工程专家组.文物2000年第12期.49—62页

1408.山西考古的新突破——陶寺遗址发现早期城址遗迹.梁星彭.文物世界2000年第5期.4—5页

1409.陶寺文化城址的发现及其意义.梁星彭.文物世界2000年第6期.33—34页

1410.四千年古城封尘抖落现真容——河南新密古城寨龙山古城发掘记.马俊才.文物世界2000年第6期.7—10页

1411.关于早期夏文化——从夏商周王朝更迭与考古学文化变迁的关系谈起.李伯谦.中原文物2000年第1期.11—14页

1412.试论新砦陶器盖上的饕餮纹.顾万发.华夏考古2000年第4期.76—82页

1413.夏商分界界标之研究.赵芝荃.考古与文物2000年第3期.28—32页

1414.夏商文化是二元还是一元——探索夏文化的关键之二.郑光.考古与文物2000年第3期.33—43页

1415.二里头文化的地域间交流——以山西省西南部的陶器动态为中心.秦小丽.考古与文物2000年第4期.43—57页

1416.试论关中东部夏代文化遗存.张天恩.文博2000年第3期.3—10页

1417.从古文献与考古资料看夏文化的起始年代.袁广阔.河南大学

学报（社会科学版）2000年第1期.35—38+46页

1418. **20世纪夏史与夏文化探索综论**.李维明.河南大学学报（社会科学版）2000年第3期.36—41页

1419.**宛丘古国探索**.周建山.史前研究2000年.660—663页

1420.**城：夏商时期对自然资源的控制问题**.刘莉、陈星灿.东南文化2000年第3期.45—60页

1421.**夏代早期国家结构探析**.周书灿.中州学刊2000年第1期.121—125页

1422.**新砦遗址发掘的一点认识**.武家璧.青年考古学家2000年第12期.30—33页

1423.**陶寺遗址出土的龙山时代乐器**.高炜.中国音乐文物大系・山西卷.大象出版社.2000年

1424.**夏氏族起于山东考**.温玉春、张进良.河北师范大学学报（哲学社会科学版）2000年第4期.84—89页

1425.**关于夏商分界的标准及其它**.李维明.中国文物报2000年3月29日

1426.**岳石文化与二里头、商文化研究的切入点——两则不容忽视的考古资料**.徐基.中国文物报2000年5月17日

1427.**邹衡先生与夏文化探索**.陈旭.中国文物报2000年6月14日

1428.**说夏年**.董琦.中国文物报2000年6月21日

1429.**从异质性文化斑块角度看早期夏文化问题——景观生态学理论与考古学研究思考之四**.何驽.中国文物报2000年8月30日

1430.**关于早期夏文化问题**.董琦.中国文物报2000年9月20日

1431.**夏商西周的^{14}C年代学框架**.仇士华.中国文物报2000年10月11日

1432.**夏商周断代工程期间的夏商文化研究综述（一）、（二）**.李维明.中国文物报2000年10月11、18日

1433.**近年来夏商周考古学研究的主要进展（上、下）**.王巍.光明日报2000年2月25日、3月3日

1434.**夏商周年代学的考古学基础**.李伯谦.光明日报2000年11月24日

1435.**从二里头文化探索中国文明的起源**.谢高文.文物考古论集——咸阳市文物考古研究所成立十周年纪念.三秦出版社.2000年.38—46页

1436.**夏部族图腾问题探索**.张德水.中华第一龙——'95濮阳"龙文化与中华民族"学术讨论会论文集.中州古籍出版社.2000年.305—310页

1437.**关于夏王朝始年推定的思考**.李伯谦.黄河文化论坛第四辑.中国戏曲出版社.2000年.1—7页

1438.**陶寺晚期龙山文化与夏文化——论华夏的形成**.王克林.黄河文化论坛第四辑.中国戏曲出版社.2000年.8—63页

1439.**陕晋豫地区新石器时代的文化汇聚**.薛新民、宋建忠.山西省考古学会论文集（三）.山西古籍出版社.2000年.212—216页

1440.**河东与夏文化的关系**.傅仁杰、张国维.山西省考古学会论文集（三）.山西古籍出版社.2000年.237—241页

1441.**试论山西垣曲盆地龙山文化遗存的年代与分期**.佟伟华.中国历史博物馆考古部纪念文集.科学出版社.2000年.82—94页

1442.**中国古代文明起源与夏文化**.李先登.中国历史博物馆考古部纪念文集.科学出版社.2000年.127—131页

1443.**河南豫西夏文化探索记略**.安金槐.河南文物考古论集（二）.

中州古籍出版社.2000年.87—91页

1444.**商人灭夏的进军路线新探**.杨贵金.河南文物考古论集（二）.中州古籍出版社.2000年.92—95页

1445.**三代年代学研究的新突破**.殷玮璋.考古2001年第1期.84—89页

1446.**夏商周断代工程中的碳十四年代框架**.仇士华、蔡莲珍.考古2001年第1期.90—100页

1447.**来自夏商周断代工程的报告**.江林昌.中原文物2001年第1期.4—15页

1448. **^{14}C年代框架与三代考古学文化分期——夏商周断代工程课题研究札记**.杨育彬.中原文物2001年第1期.16—21页

1449.**中原龙山城址的聚落考古学研究**.钱耀鹏.中原文物2001年第1期.29—39页

1450.**二里头二期文化与后羿代夏问题**.郑杰祥.中原文物2001年第1期.40—44+78页

1451.**我们还有很多工作要做**.李伯谦.中原文物2001年第2期.25页

1452.**年代学研究的新进展**.殷玮璋.中原文物2001年第2期.27—30页

1453.**有关夏代年代和夏文化测年的几点看法**.刘绪.中原文物2001年第2期.32—33页

1454.**夏商周断代工程与夏商考古**.杨育彬.中原文物2001年第2期.38—39页

1455.**夏商周断代工程中的早期夏文化研究**.方燕明.中原文物2001年第2期.41—43页

1456.**夏商周断代工程与夏商周族源研究**.张国硕.中原文物2001年

第2期.43—44页

1457.**夏文化与中国古代文明起源**.李先登.中原文物2001年第3期.11—17页

1458.**谈二里头遗址出土的铜牌饰**.王金秋.中原文物2001年第3期.18—20+27页

1459.**早期夏文化研究中的几个问题**.方燕明.中原文物2001年第4期.46—50页

1460.**关于夏商周碳十四年代框架**.张雪莲、仇士华.华夏考古2001年第3期.59—72页

1461.**从出土文物看夏遗民的迁徙**.王克林.考古与文物2001年第2期.48—53页

1462.**论登封告成王城岗遗址为禹都阳城说——兼与《禹都阳城即濮阳说》一文商榷**.方酉生.考古与文物2001年第4期.29—35页

1463.**夏社与桐宫**.赵芝荃.考古与文物2001年第4期.36—40页

1464.**偃师二里头遗址兽纹铜牌考识**.叶万松、李德方.考古与文物2001年第5期.40—48页

1465.**评《偃师二里头》及相关问题**.方酉生.殷都学刊2001年第1期.40—45页

1466.**论禹都阳城为颍川阳城——兼与《禹都阳城即濮阳说》一文商榷**.方酉生.殷都学刊2001年第4期.22—27页

1467.**陶寺文化与唐尧、虞舜——论华夏文明的起源（上）**.王克林.文物世界2001年第1期.9—17页

1468.**陶寺文化与唐尧、虞舜——论华夏文明的起源（下）**.王克林.文物世界2001年第2期.18—23页

1469.**陶寺晚期龙山文化与夏文化——论华夏文明的形成（上）**.

王克林.文物世界2001年第5期.17—23页

1470.陶寺晚期龙山文化与夏文化——论华夏文明的形成（下）.王克林.文物世界2001年第6期.23—31页

1471.情系夏商周——邹衡先生访谈录.阎向东.文物世界2001年第2期.59—64页

1472.陶寺遗址乃尧至禹都论.黄石林.文物世界2001年第6期.21—22页

1473.浅论牙璋.杨亚长.文博2001年第4期.43—49页

1474.洛阳三代青铜器综论.高西省.文博2001年第4期.55—60页

1475.关于二里头文化的刻画符号与文字问题.杜金鹏.中国书法2001年第2期.54—56页

1476.从远古刻画符号谈汉字的起源.王蕴智.中国书法2001年第2期.57—59页

1477.陶寺陶文考释.罗琨.中国社会科学院古代文明研究中心通讯第2期2001年.30—38页

1478.尧的政治中心的迁移及其意义.王守春.中国社会科学院古代文明研究中心通讯第8期2001年.14—29页

1479.夏商周断代工程引起的网上讨论纪实.陈星灿、刘莉.中国社会科学院古代文明研究中心通讯第9期2001年.30—72页

1480.夏年新证.果美侠、李维明.首都师范大学学报（社会科学版）2001年第2期.1—8页

1481.关于原城的新发现及研究.杨贵金、齐文举.焦作工学院学报（社会科学版）2001年第3期.13—14页

1482.与张光直先生谈夏文化考古.李永迪.古今论衡第六期.2001年.131—138页

1483.**陕晋地区龙山文化的玉器**.冈村秀典.故宫学术季刊2001年第2期.105—114页

1484.**三代年代学研究的新进展**.殷玮璋.中国文物报2001年1月10日

1485.**关于早期夏文化问题**.程平山.中国文物报2001年1月24日

1486.**释传说为信史的力作——评董琦博士《虞夏时期的中原》**.李维明.中国文物报2001年2月21日

1487.**缺席的对话——夏商周断代工程引起的海外学术讨论纪实**.刘星.中国文物报2001年6月6日

1488.**夏纪年与夏文化遗存刍议**.张国硕.中国文物报2001年6月20日

1489.**夏商周断代工程中^{14}C测年是怎样参与解决历史时期年代问题的**.张雪莲.中国文物报2001年12月28日

1490.**龙山时代玉骨组合头饰的复原研究**.高炜.海峡两岸古玉学会议论文专辑.台湾大学理学院地质科学系.2001年

1491.**汾河湾旁磬和鼓——苏秉琦先生关于陶寺考古的论述**.高炜、张岱海.苏秉琦与当代中国考古学.科学出版社.2001年.654—670页

1492.**夏商周断代工程与夏商考古学文化研究**.杨育彬.华夏考古2002年第2期.101—106+112页

1493.**新砦期的确认及意义**.赵春青.中原文物2002年第1期.21—23+27页

1494.**浅议新砦残器盖纹饰的复原**.王青.中原文物2002年第1期.24—27页

1495.**二里头文化一期遗存与夏文化初始**.李维明.中原文物2002年第1期.33—42页

1496.**也谈新砦陶器盖上的兽面纹**.李丽娜.中原文物2002年第3期.28—31+61页

1497.**“禹娶涂山”的考古学考察**.叶文宪.中原文物2002年第4期.28—31页

1498.**新密古城寨城址与祝融之墟问题探索**.马世之.中原文物2002年第6期.23—26页

1499.**古城寨龙山城址与中原文明的形成**.蔡全法.中原文物2002年第6期.27—32页

1500.**读《虞夏时期的中原》**.缪雅娟.考古2002年第8期.87—90页

1501.**二里头文化时期的江汉地区**.拓古.江汉考古2002年第1期.86—87页

1502.**略论新砦期二里头文化——兼评《来自“新砦期”论证的几点困惑》**.方酉生.东南文化2002年第9期.31—35页

1503.**夏代都制管窥——从《竹书纪年》说起**.杨树刚、高江涛.殷都学刊2002年第1期.39—43页

1504.**徐中舒先生与夏商史研究**.陈玲玲.殷都学刊2002年第3期.21—24页

1505.**学风濯濯　学史昭昭——关于“新砦期”论证三题**.李维明.殷都学刊2002年第3期.25—36页

1506.**“新砦期”研究**.顾问.殷都学刊2002年第4期.26—40页

1507.**王城岗城堡遗址再分析**.董琦.中国历史文物2002年第3期.15—23页

1508.**中国王权的产生**.吴耀利.史前研究辑刊2002年.171—177页

1509.**新夷夏东西说**.叶文宪.中国史研究2002年第3期.3—12页

1510.**晋西南龙山文化与有虞氏——虞舜部族起源的探索**.王克

林.文物世界2002年第1期.20—23页

1511.**夏氏族迁至河南的考古学证明**.温玉春.文物春秋2002年第6期.1—5页

1512.**陶寺出土文字二三事**.高炜.中国社会科学院古代文明研究中心通讯第3期2002年.36页

1513.**文字起源与夷夏东西**.冯时.中国社会科学院古代文明研究中心通讯第3期2002年.57—59页

1514.**陶寺城址的发现及其对中国古代文明起源研究的学术意义**.梁星彭、严志斌.中国社会科学院古代文明研究中心通讯第3期2002年.11—13页

1515.**二里头遗址是中晚夏城、晚夏后期都——《全夏都初探》之五**.刘庞生.延安大学学报（社会科学版）2002年第1期.121—125页

1516.**试论夏的起源及其与东夷的关系**.戈志强.苏州大学学报（哲学社会科学版）2002年第2期.112—116页

1517.**田野考古学与夏代文化探索**.方酉生.武汉大学学报（人文科学版）2002年第5期.589—592页

1518.**来自“新砦期”论证的几点困惑**.李维明.中国文物报2002年1月11日

1519.**黄河流域史前最大城址进一步探明**.何驽、严志斌.中国文物报2002年2月8日

1520.**关于“新砦期”论证的几个问题——兼答《来自“新砦期”论证的几点困惑》**.赵春青.中国文物报2002年2月20日

1521.**走近一群人　留住一段史——读《手铲释天书：与夏文化探索者的对话》**.许宏.中国文物报2002年2月22日

1522.**陶寺城址南墙夯土层中人骨说明的问题**.何驽.中国文物报

2002年3月8日

1523.**中国最早大豆的发现**.周昆叔、叶万松、刘长江.中国文物报2002年3月22日

1524.**陶寺城址的发现及其学术意义**.梁星彭.中国文物报2002年4月12日

1525.**面对面的对话——“夏商周断代工程”的美国之旅**.张立东.中国文物报2002年5月24日

1526.**美国之行答问——关于“夏商周断代工程”**.苏辉整理.中国文物报2002年8月16日

1527.**读《夏商周断代工程1996—2000年阶段成果报告（简本）》**.成家彻郎.大陆杂志（台北）第104卷5期2002年

1528.**从青铜礼器的来源探讨夏、商两代文化起源及断代问题**.吕琪昌.台湾艺术大学2002年

1529.**再论中国古代文明起源与夏文化**.李先登.石璋如院士百岁祝寿论文集——考古・历史・文化.南天书局（台北）.2002年.105—122页

1530.**中国早期国家的形成——从二里头和二里岗时期的中心和边缘之间的关系谈起**.刘莉、陈星灿.古代文明（第1卷）.文物出版社.2002年.71—134页

1531.**新密古城寨龙山文化城址的发现及意义**.孙新民.21世纪中国考古学与世界考古学.中国社会科学出版社.2002年.218—222页

1532.**夏社考**.冯时.21世纪中国考古学与世界考古学.中国社会科学出版社.2002年.223—237页

1533.**二里头文化第四期及相关遗存再认识**.岳洪彬.21世纪中国考古学与世界考古学.中国社会科学出版社.2002年.238—257页

1534.**山西襄汾陶寺文化城址**.梁星彭.2001中国重要考古发现.文物出版社.2002年.24—27页

1535.**夏文化与涂山**.孟世凯.蚌埠涂山与华夏文明.黄山书社.2002年.17—25页

1536.**略论夏文化节录**.姚政.蚌埠涂山与华夏文明.黄山书社.2002年.119—130页

1537.**涂山氏文化与夏文化关系探微**.郑洪春.蚌埠涂山与华夏文明.黄山书社.2002年.513—517页

1538.**夏墟大夏考**.罗琨.揖芬集——张政烺先生九十华诞纪念文集.社会科学文献出版社.2002年.237—254页

1539.**王油坊类型龙山文化去向初探——江苏境内王油坊类型龙山文化遗存分析**.谷建祥、申宪.南京大学历史系考古专业成立三十周年纪念文集.天津人民出版社.2002年.44—48页

1540.**龙山时代中原玉器上看到的二种文化现象**.高炜.玉魂国魂——中国古代玉器与传统文化学术讨论会文集.北京燕山出版社.2002年.39—44页

1541.**中国考古学中夏、商、周文化的新认识**.俞伟超.古史的考古学探索.文物出版社.2002年.121—123页

1542.**中国文明腹地的社会复杂化进程——伊洛河地区的聚落形态研究**.陈星灿、刘莉、李润权、华翰维、艾琳.考古学报2003年第2期.161—218页

1543.**夏代前期文化综论**.赵芝荃.考古学报2003年第4期.459—482页

1544.**寻逝岁流年　续学术长河——夏商周断代工程阶段成果公布后学术动态示要**.李维明.殷都学刊2003年第1期.30—40页

1545.**学患无疑　疑则有进——读《“新砦期”研究》一文初问**.李维明.殷都学刊2003年第4期.26—35页

1546.**学风濯濯　学史昭昭——例正方酉生教授谪难**.李维明.东南文化2003年第1期.13—18页

1547.**略论二里头遗址的文化性质——兼与《中国文明与国家探源的思考》等文商榷**.方酉生.东南文化2003年第3期.6—13页

1548.**论中国考古学与历史学的关系**.朱凤瀚.历史研究2003年第1期.13—22页

1549.**李济与西阴村和夏文化**.张立东.华夏考古2003年第1期.95—99页

1550.**交流与争鸣：记中外学者关于夏商周年代的一场论战**.李润权.考古2003年第2期.76—82页

1551.**二里头遗址墓葬出土玉器探析**.陈雪香.中原文物2003年第3期.23—37页

1552.**二里头遗址出土饰牌纹饰解读**.陆思贤.中原文物2003年第3期.38—43页

1553.**三代考古与古史重建**.孙庆伟.历史教学问题2003年第4期.18—23页

1554.**远古磬与夏代磬研究**.高蕾.文物2003年第5期.45—52+55页

1555.**再论陶寺城址发现的意义**.张德光.文物世界2003年第3期.24—28页

1556.**夏商周考古步入新纪元**.赵芝荃.中国社会科学院古代文明研究中心通讯第6期2003年

1557.**“夏居河南说”之文献考辨——兼说二里头文化非夏文化**.王宁.枣庄师范专科学校学报2003年第1期.48—56页

1558.山西古文明发展历程系列追踪（之一）——山西新石器时代房屋发展研究.董永刚.忻州师范学院学报2003年第5期.73—76页

1559.襄汾陶寺城址发掘显现暴力色彩.何驽、严志斌、宋建忠.中国文物报2003年1月31日

1560.环境考古学研究的典范——读《洛阳皂角树》.陈淳.中国文物报2003年3月7日

1561.陶寺遗址扁壶朱书"文字"新探.何驽.中国文物报2003年11月28日

1562.陶寺大墓中出土的"仓形器"名实浅说.卫斯.中国文物报2003年11月28日

1563.二里头考古揭开夏都尘封千载的面纱.李维明.中国艺术报2003年11月7日

1564.再论陶寺文化与唐尧.王石林.中国史前考古学研究——祝贺石兴邦先生考古半世纪暨八秩华诞文集.三秦出版社.2003年.334—339页

1565.略论二里头遗址第一期遗存与夏代纪年——兼评《二里头文化一期遗存与夏文化初始》.方酉生.中国史前考古学研究——祝贺石兴邦先生考古半世纪暨八秩华诞文集.三秦出版社.2003年.524—530页

1566.晋南与夏文化探源.李民.黄河文化论坛（第十辑）.山西人民出版社.2003年.37—51页

1567.关于河南龙山文化时期的社会性质问题.郑杰祥.考古学研究（五）——庆祝邹衡先生七十五寿辰暨从事考古研究五十年论文集.科学出版社.2003年.161—169页

1568.五帝时代与夏代史迹的考古学观察.王迅.考古学研究

（五）——庆祝邹衡先生七十五寿辰暨从事考古研究五十年论文集.科学出版社.2003年.170—180页

1569.**夏商文化分界探讨的思考**.刘绪.考古学研究（五）——庆祝邹衡先生七十五寿辰暨从事考古研究五十年论文集.科学出版社.2003年.181—200页

1570.**夏文化解析与史实释读**.李维明.考古学研究（五）——庆祝邹衡先生七十五寿辰暨从事考古研究五十年论文集.科学出版社.2003年.201—212页

1571.**夏都斟寻与商都亳合考**.张立东.考古学研究（五）——庆祝邹衡先生七十五寿辰暨从事考古研究五十年论文集.科学出版社.2003年.213—226页

1572.**论夏商时代的主辅都制**.张国硕.考古学研究（五）——庆祝邹衡先生七十五寿辰暨从事考古研究五十年论文集.科学出版社.2003年.518—536页

1573.**豫西北地区国家起源初探**.张学海.华夏文明的形成与发展——河南省文物考古研究所建所五十周年庆祝会暨华夏文明的形成与发展学术研讨会论文集.大象出版社.2003年.143—153页

1574.**五帝时代都邑考**.曹桂岑.华夏文明的形成与发展——河南省文物考古研究所建所五十周年庆祝会暨华夏文明的形成与发展学术研讨会论文集.大象出版社.2003年.165—171页

1575.**关于新密古城寨城址的年代与性质**.方燕明.华夏文明的形成与发展——河南省文物考古研究所建所五十周年庆祝会暨华夏文明的形成与发展学术研讨会论文集.大象出版社.2003年.195—204页

1576.**新密古城寨城址在文明探源研究中的地位**.蔡全法.华夏文明的形成与发展——河南省文物考古研究所建所五十周年庆祝会暨华

夏文明的形成与发展学术研讨会论文集.大象出版社.2003年.205—212页

1577.**试论夏文化的起始年代**.袁广阔.华夏文明的形成与发展——河南省文物考古研究所建所五十周年庆祝会暨华夏文明的形成与发展学术研讨会论文集.大象出版社.2003年.221—231页

1578.**河南龙山聚落群研究**.许顺湛.中原文物考古研究.大象出版社.2003年.39—60页

1579.**豫东考古学文化综论**.阎道衡.中原文物考古研究.大象出版社.2003年.87—95页

1580.**平粮台古城遗址的发现及其价值和意义**.张志华.中原文物考古研究.大象出版社.2003年.102—105页

1581.**新密古城寨龙山城筑城技术的初步研究**.马俊才.中原文物考古研究.大象出版社.2003年.106—111页

1582.**新密古城寨龙山文化城址的发现与认识**.蔡全法.中原文物考古研究.大象出版社.2003年.112—116页

1583.**河洛与中国文明的起源**.程翀、段晓宝.中原文物考古研究.大象出版社.2003年.117—125页

1584.**夏都二里头遗址龙纹述考**.叶万松、李德方.中原文物考古研究.大象出版社.2003年.126—130页

1585.**论新石器时代中原文化的历史地位**.韩建业.江汉考古2004年第1期.59—64页

1586.**“二里头五期”遗存分析及其相关问题**.靳松安.江汉考古2004年第1期.65—73页

1587.**二里头遗址出土铜器研究综述**.梁宏刚、孙淑云.中原文物2004年第1期.29—39+56页

1588.二里头文化动物资源的利用.李维明.中原文物2004年第2期.40—45+75页

1589.新密新砦城址与夏启之居.赵春青.中原文物2004年第3期.12—16页

1590.夏代纪年考.程平山.中原文物2004年第3期.17—28页

1591.从后羿代夏论二里头二期文化的变化.王克林.中原文物2004年第4期.36—45页

1592.寻找夏启之居.许顺湛.中原文物2004年第4期.46—50页

1593.新砦遗址与夏代早期都城.马世之.中原文物2004年第4期.51—54页

1594.从陶寺城址的考古新发现看我国古代文明的形成.侯毅.中原文物2004年第5期.13—19页

1595.二里头遗址聚落形态的初步考察.许宏、陈国梁、赵海涛.考古2004年第11期.23—31页

1596.二里头遗址发掘和研究的回顾与思考.许宏.考古2004年第11期.32—38页

1597.夏代文字求证——二里头文化陶文考.曹定云.考古2004年第12期.76—83页

1598.学患无疑，狐疑则学患——释李维明先生《学患无疑　疑则有进》疑.顾问.殷都学刊2004年第4期.21—32页

1599.东下冯文化与二里头文化比较及相关问题研究.于孟洲.文物春秋2004年第1期.11—21页

1600.夏文化分布态势量化与信息初现.李维明.东南文化2004年第3期.14—20页

1601.“启居黄台之丘”及相关问题考证.顾万发.东南文化2004年

第6期.49—51页

1602.**古史传说中的战争与龙山城址**.陈声波.史前研究2004年.189—194页

1603.**镶嵌铜牌饰的初步研究**.王青.文物2004年第5期.65—72页

1604.**河南荥阳大师姑夏代城址的发掘与研究**.王文华、陈万卿、丁兰坡.文物2004年第11期.61—64+74页

1605.**陶寺文化遗址——走出尧舜禹“传说时代”的探索**.何驽.中国文化遗产2004年第1期.59—63页

1606.**古城·宫殿·大墓·观象台——唐尧帝都考古新进展**.王晓毅.文物世界2004年第3期.43—47页

1607.**为加大夏文化的考古研究力度而努力奋斗——纪念东下冯夏文化发掘30周年**.张德光、王春兰.文物世界2004年第6期.11—15页

1608.**关于夏文化发祥地的再思考**.姬乃军.考古与文物2004年第3期.48—50页

1609.**略论夏王朝的始年约为公元前2070年**.方酉生.考古与文物增刊（先秦考古）2004年.87—90页

1610.**学术批评要实事求是——再正方酉生教授谪难**.李维明.考古与文物增刊（先秦考古）2004年.242—247页

1611.**夏商关系考**.杨杨.殷都学刊（安阳甲骨学会论文专辑）2004年

1612.**龙山时代礼制问题研究的回顾反思和展望**.朱乃诚.中国社会科学院古代文明研究中心通讯第8期2004年.8—14页

1613.**大型遗址聚落考古的方法和步骤——以新砦遗址聚落考古为例**.赵春青.中国社会科学院院报2004年3月23日

1614.**二里头、夏与中国早期国家研究**.陈淳、龚辛.复旦学报（社

会科学版）2004年第4期.82—91页

1615.**从陶寺遗址的考古新发现看尧舜禅让**.王晓毅、丁金龙.山西师大学报（社会科学版）2004年第3期.87—91页

1616.**中国文明起源中的唐尧文化——以陶寺遗址为中心**.张童心、贾志强.忻州师范学院学报2004年第6期.1—5页

1617.**新夷夏东西说商榷**.王建华.东方论坛（青岛大学学报）2004年第1期.107—112页

1618.**也谈尧舜禅让与篡夺**.王晓毅、丁金龙.中国文物报2004年5月7日

1619.**陶寺中期大墓M22随葬公猪下颌意义浅析**.罗明.中国文物报2004年6月4日

1620.**陶寺：中国早期城市化的重要里程碑**.何驽.中国文物报2004年9月3日

1621.**新砦遗址谱系与聚落研究的新进展**.赵春青.中国文物报2004年9月10日

1622.**二里头遗址考古新发现的学术意义**.许宏.中国文物报2004年9月17日

1623.**专家论证陶寺遗址大型建筑基址**.王晓毅.中国文物报2004年12月31日

1624.**唐尧帝都或在山西襄汾**.张玉兰等.文汇报2004年11月28日

1625.**尧文化五题**.解希恭等.临汾日报2004年12月9日

1626.**论二里头文化分期与性质**.张良仁.考古学集刊（第14集）.文物出版社.2004年.392—419页

1627.**“夏商周断代工程”基本思路质疑——古本《竹书纪年》史料价值的再认识**.何炳棣、刘雨.燕京学报新十六期.北京大学出版

社.2004年.21—58页

1628.**论郑州地区夏商文化的时空框架**.宋国定.郑州商都3600年学术论文集.中州古籍出版社.2004年.148—156页

1629.**夏商周三代城市聚落研究**.徐良高.三代考古（一）.科学出版社.2004年.38—57页

1630.**新砦文化与二里头文化——夏文化再探讨随笔**.杜金鹏.三代考古（一）.科学出版社.2004年.66—72页

1631.**垣曲盆地古城东关史前聚落之变迁——史前聚落个案分析**.佟伟华.古代文明（第3卷）.文物出版社.2004年.1—14页

1632.**陶寺文化谱系研究综论**.何驽.古代文明（第3卷）.文物出版社.2004年.54—86页

1633.**登封八方王城岗遗址的聚落形态考察**.方燕明.东方考古（第1集）.科学出版社.2004年.169—176页

1634.**龙山时代中原与海岱地区文化分布格局的比较**.赵春青.东方考古（第1集）.科学出版社.2004年.177—188页

1635.**颍河上游早夏文化遗存的聚落形态考察**.方燕明.庆祝张忠培先生七十岁论文集.科学出版社.2004年.309—322页

1636.**“启以夏正，疆以戎索”的考古学观察**.田建文.庆祝张忠培先生七十岁论文集.科学出版社.2004年.323—334页

1637.**略论二里头时代**.许宏.2004年安阳殷商文明国际学术研讨会论文集.社会科学文献出版社.2004年.366—371页

1638.**大师姑夏代城址的发掘与研究**.王文华.2004年安阳殷商文明国际学术研讨会论文集.社会科学文献出版社.2004年.372—379页

1639.**关于辉卫地区二里头文化时期遗存性质的讨论**.谢肃.2004年安阳殷商文明国际学术研讨会论文集.社会科学文献出版社.2004

年.380—385页

1640.关于夏商周文明形成时期农业经济特点的一些思考.赵志军.华夏考古2005年第1期.75—81+101页

1641.从瓦店遗址看中原地区国家文明的起源——《禹州瓦店》读后感.张海.华夏考古2005年第1期.108—110页

1642.王湾三期文化研究历程评述.郭京宁.华夏考古2005年第2期.62—71+96页

1643.夏商考古的总结与展望——读《中国考古学·夏商卷》.杨宝成.考古2005年第4期.85—91页

1644.一部合力集成的总结之作——《中国考古学·夏商卷》编写侧记.许宏.考古2005年第4期.92—96页

1645.论嵩山文化圈.周昆叔、张松林、张震宇、杨瑞霞、蔡全法、宋国定、宋豫秦、莫多闻、王辉、鲁鹏、郝利民、王超.中原文物2005年第1期.12—20页

1646.中原古代文明进程中的“万邦”时期.李民.中原文物2005年第1期.21—24页

1647.略论登封王城岗遗址大城与小城的关系及其性质.杨肇清.中原文物2005年第2期.33—35页

1648.论东下冯类型的族属.张锟.中原文物2005年第3期.27—32页

1649.新砦遗址与中国古代文明起源问题.高江涛.中原文物2005年第4期.22—27页

1650.试析二里头遗址.李维明.中原文物2005年第5期.38—44页

1651.偃师二里头遗址4号宫殿基址研究.杜金鹏.文物2005年第6期.62—71页

1652.史前时期晋中与晋南的文化交流——大运高速公路上的马

和遗址勘探纪实.王万辉.文物世界2005年第3期.19—21页

1653.**论陶寺文化和三里桥文化的族属**.张锟、姜宁.文物世界2005年第6期.15—18页

1654.**偃师二里头遗址第一期文化应比新砦期二里头文化为晚**.方酉生.江汉考古2005年第1期.50—54页

1655.**论陶寺古城的发展阶段与性质**.程平山.江汉考古2005年第3期.48—53页

1656.**豫西地区夏文化的南传路线初探**.徐燕.江汉考古2005年第3期.54—62页

1657.**淅川下王冈龙山至二里头时期陶器群初探**.常怀颖.四川文物2005年第2期.30—38页

1658.**关于"尧都平阳"历史地望的再探讨——兼与王尚义先生商榷**.卫斯.中国历史地望论丛2005年第1期.146—151页

1659.**大隗氏与新密古城寨龙山古城**.周书灿.河南科技大学学报（社会科学版）2005年第4期.21—24页

1660.**夏商周中原文明对淮河流域古代社会文明化进程的影响**.陈朝云.文史哲2005年第6期.48—53页

1661.**登封王城岗考古新发现及意义**.方燕明.中国社会科学院古代文明研究中心通讯第9期2005年.34—39页

1662.**陶寺彩绘龙源自良渚文化的新证据**.朱乃诚.中国社会科学院古代文明研究中心通讯第10期2005年.18—21页

1663.**论二里头遗址新发现的大型绿松石龙形器**.顾问.中国社会科学院古代文明研究中心通讯第25期2005年.18—29页

1664.**2004年度夏商周考古重大发现点评**.刘绪.中国社会科学院古代文明研究中心通讯第26期2005年.10—23页

1665.对襄汾陶寺大型建筑基址的几点想法.周晓陆.中国社会科学院古代文明研究中心通讯第27期2005年.1—7页

1666.说“夏族”——兼及夏文化研究中一些亟待解决的认识问题.沈长云.文史哲2005年第3期.61—68页

1667.再现远古及夏代生态环境与社会文明——《生态环境变迁与夏代的兴起探索》评介.惠富平.中国农史2005年第3期.123—126页

1668.河南地区夏文化考古发现与研究——古中原王朝秘宝展专题之二.方燕明.历史文物2005年第3期

1669.偃师：中国古都之源.秦艳培.寻根2005年第2期.61—64页

1670.神秘的夏代遗宝:镶嵌铜牌饰.王青.寻根2005年第2期.84—88页

1671.夏代是杜撰的吗——与陈淳先生商榷.沈长云.河北师范大学学报（哲学社会科学版）2005年第3期.89—96页

1672.夏朝前夕洪水发生的可能性及大禹治水真相.吴文祥、葛全胜.第四纪研究2005年第6卷.741—749页

1673.观象授时与中国文明起源——从陶寺观象祭祀遗迹谈国家起源时期公共权力的形成.赵瑞民、郎保利.晋阳学刊2005年第1期.61—66页

1674.中国考古学中的主流与暗流——读《手铲释天书》偶得.霍雨杰.中国文物报2005年1月5日

1675.登封王城岗遗址的新发现与夏文化研究.方燕明.中国文物报2005年1月28日

1676.二里头遗址宫殿区建筑格局的变与不变.高江涛、魏继印.中国文物报2005年3月18日

1677.郑州大师姑二里头城址发现的意义.袁广阔.中国文物报2005

年3月25日

1678.**专家认为夏启都城可能在河南新密**.单纯刚.中国文物报2005年5月4日

1679.**二里头墓葬龙形器饰物的清理与保护**.李存信.中国文物报2005年5月6日

1680.**陶寺文化中的古文明因素**.张之恒.中国文物报2005年6月10日

1681.**再思二里头文化的来源**.袁广阔.中国文物报2005年6月24日

1682.**二里头文化的铜器**.陈国梁.中国文物报2005年12月23日

1683.**陶寺中期小城内大型建筑IIFJT1发掘心路历程杂谈**.何驽.新世纪的中国考古学——王仲殊先生八十华诞纪念论文集.科学出版社.2005年.221—231页

1684.**豫东龙山文化研究**.高天麟.新世纪的中国考古学——王仲殊先生八十华诞纪念论文集.科学出版社.2005年.242—259页

1685.**再论陶寺彩绘龙源自良渚文化——兼论中原地区“王室文化”的形成**.朱乃诚.古代文明研究（第一辑）.文物出版社.2005年.70—79页

1686.**夏商王朝更替与考古学文化变革关系分析——以二里头和偃师商城遗址为例**.王学荣.古代文明研究（第一辑）.文物出版社.2005年.131—146页

1687.**新砦城址与启都夏邑问题探索**.马世之.郑州商都3600年学术研讨会暨中国古都学会2004年年会论文集选编.中州古籍出版社.2005年.138—145页

1688.**新密市古城寨龙山古城始建年代与黄帝轩辕丘的探讨**.曹桂岑.郑州商都3600年学术研讨会暨中国古都学会2004年年会论文集选编.中州古籍出版社.2005年.146—153页

1689.**新砦城址是夏代早期都城**.杨建敏.郑州商都3600年学术研讨会暨中国古都学会2004年年会论文集选编.中州古籍出版社.2005年.154—160页

1690.**大师姑夏代城址的发掘和研究**.王文华、丁兰坡.郑州商都3600年学术研讨会暨中国古都学会2004年年会论文集选编.中州古籍出版社.2005年.161—166页

1691.**登封告成王城岗遗址考古发现与研究**.方燕明.安金槐先生纪念文集.大象出版社.2005年.116—131页

1692.**从河南龙山文化到二里头文化的转折——兼论“大禹治水”的年代及夏王朝的起点**.吕琪昌.安金槐先生纪念文集.大象出版社.2005年.132—138页

1693.**试论二里头夏文化前后两端的过渡期文化——探索夏商文化50年小结之三**.赵芝荃.安金槐先生纪念文集.大象出版社.2005年.139—160页

1694.**偃师二里头遗址一号宫殿基址再认识**.杜金鹏.安金槐先生纪念文集.大象出版社.2005年.161—169页

1695.**从夏商文化的渊源看华夏文明的形成**.叶文宪.安金槐先生纪念文集.大象出版社.2005年.170—183页

1696.**花地嘴遗址所出“新砦期”朱砂绘陶瓮研究**.顾问、张松林.中国历史文物2006年第1期.19—32+37页

1697.**偃师二里头遗址考古新发现的意义**.陈旭.中国历史文物2006年第2期.12—17页

1698.**二里头文化的首和尾**.邹衡.中国历史文物2006年第2期.4—5页

1699.**虞舜的王都与帝都**.马世之.中原文物2006年第1期.24—27页

1700.**新密市古城寨龙山古城的族属及相关地理问题**.周书灿.中原文物2006年第1期.33—36页

1701.**《考古追寻五帝踪迹》续论**.郭大顺.中原文物2006年第3期.28—31页

1702.**从二里头遗址看华夏早期国家的特质**.许宏.中原文物2006年第3期.39—40+51页

1703.**夏文明崛起的生境优化与中国城市文明的肇始**.宋豫秦、虞琰.中原文物2006年第3期.41—43+51页

1704.**二里头文化与夏商分界再探**.朱君孝.中原文物2006年第3期.52—57页

1705.**中原地区古代国家的起源和形成特点的探讨**.郑杰祥.中原文物2006年第4期.10—14页

1706.**二里头文化"龙"遗存研究**.朱乃诚.中原文物2006年第4期.15—21+38页

1707.**二里头遗址绿松石龙形器的清理与仿制复原**.李存信.中原文物2006年第4期.92—96页

1708.**《禹贡》五服的考古学观察**.赵春青.中原文物2006年第5期.10—22+38页

1709.**夏商西周金器研究**.白黎璠.中原文物2006年第5期.39—49+93页

1710.**晋南"夏墟"考**.张国硕.中原文物2006年第6期.26—31+83页

1711.**二里头文化时期渭河流域的文化变迁——从"老牛坡类型远古文化"遗存谈起**.段天璟.中原文物2006年第6期.32—38页

1712.**郑州大师姑城址商汤灭夏前所居亳说新论——读李伯谦先生《对郑州商城的再认识》**.李锋.华夏考古2006年第2期.67—72页

1713.**二里头遗址中的东方文化因素**.栾丰实.华夏考古2006年第3期.46—53页

1714.**夏商时期中原与长江中游地区的文化联系**.张昌平.华夏考古2006年第3期.54—60页

1715.**“新砦期”已经“确认”了吗？——就学风问题再问顾问先生**.李维明.殷都学刊2006年第2期.26—36页

1716.**东下冯遗址与夏商文化分界**.王建华.殷都学刊2006年第4期.17—22页

1717.**夏代域限探讨综述**.李民、王健.中国史研究动态2006年第3期.2—8页

1718.**晋西南地区二里头文化到二里冈文化的陶器演变研究**.秦小丽.考古2006年第2期.56—72页

1719.**登封王城岗城址的年代及相关问题探讨**.方燕明.考古2006年第9期.16—23页

1720.**“中国·二里头遗址与二里头文化国际学术研讨会”纪要**.王学荣、许宏.考古2006年第9期.83—90页

1721.**论早期都邑**.董琦.文物2006年第6期.56—60+87页

1722.**晋西南豫西西部庙底沟二期——龙山时代文化的分期与谱系**.韩建业.考古学报2006年第2期.179—204页

1723.**炎黄传说与炎黄文化**.严文明.协商论坛2006年第3期.13—19页

1724.**学术诚信是立论之本——三正方酉生教授谪难**.李维明.江汉考古2006年第3期.95—98页

1725.**从二里头遗址的主要发现看夏代礼制的几个特点**.李春华.文物春秋2006年第5期.1—4页

1726.**五帝时代的城址与中原早期文明**.马世之.中州学刊2006年第3期.167—171页

1727.**夏代铜爵:中国青铜酒礼器之源**.高西省.寻根2006年第2期.81—84页

1728.**夏文化探索中的方法问题——“夏商周断代工程”结题后的反思（二）**.殷玮璋.河北学刊2006年第4期.89—97页

1729.**二里头遗址新发现的一些重要遗迹的分析**.郑杰祥.平顶山学院学报2006年第3期.49—51页

1730.**浅谈夏史研究**.桂芳.巢湖学院学报2006年第5期.126—129页

1731.**略论偃师二里头遗址为夏都斟鄩**.方酉生.洛阳师范学院学报2006年第1期.20—23页

1732.**二里头——中国最早的帝王之都**.许宏、王立力、雷东军、三度.文明2006年第2期.130—145页

1733.**二里头遗址大型绿松石龙形器探源及其发现意义**.朱乃诚.中国社会科学院古代文明研究中心通讯第11期2006年.48—53页

1734.**夏商周碳十四年代框架的再讨论**.仇士华、张雪莲.东方考古研究通讯2006年第7期.23页

1735.**辉县孟庄遗址夏代墓葬及其相关问题**.赵新平、张志清.东方考古研究通讯2006年第7期.27—28页

1736.**《诗·商颂》与大师姑二里头文化城址的性质**.王文华.东方考古研究通讯2006年第7期.29—31页

1737.**文明之火　照耀中国　四、禹都阳城添新证**.赵春青.中国文物报2006年3月22日

1738.**文明之火　照耀中国　五、启居黄台在何方？**.赵春青.中国文物报2006年3月24日

1739.文明之火　照耀中国　六、神秘的花地嘴.赵春青.中国文物报2006年3月29日

1740.文明之火　照耀中国　七、探索夏文化的里程碑：偃师二里头.赵春青.中国文物报2006年3月31日

1741.文明之火　照耀中国　八、“大师姑”的新发现及其意义.赵春青.中国文物报2006年4月5日

1742.陶寺遗址出土陶瓦略论.何驽.中国文物报2006年6月30日

1743.公元前2500年—公元前1500年中原地区经济形态研究.袁靖.中国文物报2006年10月27日

1744.晋南与中华文明起源.山西省考古研究所.中国文物报2006年11月24日

1745.夏商分界研究中“都城界定法”的理论与实践.杜金鹏.三代考古（二）.科学出版社.2006年.14—53页

1746.三代大型建筑基址的几点讨论.宋江宁.三代考古（二）.科学出版社.2006年.81—97页

1747.“新砦文化”研究历程述评.许宏.三代考古（二）.科学出版社.2006年.146—158页

1748.二里头遗址宫城区域考古收获初步综理.赵海涛.三代考古（二）.科学出版社.2006年.159—169页

1749.二里头文化祭祀遗迹初探.李志鹏.三代考古（二）.科学出版社.2006年.170—182页

1750.二里头文化铜器制作技术概述.陈国梁.三代考古（二）.科学出版社.2006年.183—220页

1751.关于夏商界标研究几个问题的讨论.杜金鹏.三代考古（二）.科学出版社.2006年.221—242页

1752.**“乡有夏之境”试析**.罗琨.考古学研究（六）——庆祝高明先生八十寿辰暨从事考古研究五十年论文集.科学出版社.2006年.114—118页

1753.**陶寺文化谱系研究综述**.何驽.考古学集刊（第16集）.科学出版社.2006年.151—177页

1754.**二里头遗址宫殿建筑基址初步研究**.杜金鹏.考古学集刊（第16集）.科学出版社.2006年.178—236页

1755.**从陶寺城址的发现谈早期国家的城市模式**.胡建.山西省考古学会论文集（四）.山西人民出版社.2006年.81—89页

1756.**豫陕晋相邻地区与中国古代文明起源**.张国硕.中国古代文明探索——庆祝李民先生诞辰70寿辰论文集.中州古籍出版社.2006年.27—36页

1757.**嵩山与嵩山文化圈**.张松林、张莉.中原地区文明化进程学术研讨会文集.科学出版社.2006年.86—116页

1758.**中原地区公共权力形成的可能途径**.赵瑞民、郎保利.中原地区文明化进程学术研讨会文集.科学出版社.2006年.175—182页

1759.**龙山文化是我国古代的五帝文化**.曹桂岑.中原地区文明化进程学术研讨会文集.科学出版社.2006年.203—211页

1760.**嵩山南北龙山文化至二里头文化演进过程管窥**.许宏.中原地区文明化进程学术研讨会文集.科学出版社.2006年.212—222页

1761.**试论豫西南地区的二里头文化**.袁广阔.中原地区文明化进程学术研讨会文集.科学出版社.2006年.223—228页

1762.**二里头文化兽面纹牌饰的内涵、来源及其在中原及周边地区文明化进程中的地位与作用**.顾问.中原地区文明化进程学术研讨会文集.科学出版社.2006年.277—282页

1763.**二里头遗址出土玉礼器中的东方因素**.栾丰实.中原地区文明化进程学术研讨会文集.科学出版社.2006年.283—298页

1764.**郑州大师姑二里头文化城址发现的意义**.王文华.中原地区文明化进程学术研讨会文集.科学出版社.2006年.329—332页

1765.**偃师二里头遗址相关问题的几点思考**.杨育彬.二里头遗址与二里头文化研究——中国·二里头遗址与二里头文化国际学术研讨会论文集.科学出版社.2006年.1—5页

1766.**偃师二里头遗址近年考古新发现的意义**.陈旭.二里头遗址与二里头文化研究——中国·二里头遗址与二里头文化国际学术研讨会论文集.科学出版社.2006年.6—11页

1767.**二里头遗址新的考古发现与思考**.方孝廉.二里头遗址与二里头文化研究——中国·二里头遗址与二里头文化国际学术研讨会论文集.科学出版社.2006年.12—17页

1768.**二里头考古新发现与汤“欲迁夏社”的思考**.罗琨.二里头遗址与二里头文化研究——中国·二里头遗址与二里头文化国际学术研讨会论文集.科学出版社.2006年.24—28页

1769.**河南偃师二里头遗址为夏都斟鄩及相关问题讨论**.方酉生.二里头遗址与二里头文化研究——中国·二里头遗址与二里头文化国际学术研讨会论文集.科学出版社.2006年.29—36页

1770.**论二里头遗址的性质**.张国硕.二里头遗址与二里头文化研究——中国·二里头遗址与二里头文化国际学术研讨会论文集.科学出版社.2006年.37—44页

1771.**亳与偃师二遗址的关系**.程一凡.二里头遗址与二里头文化研究——中国·二里头遗址与二里头文化国际学术研讨会论文集.科学出版社.2006年.45—63页

1772.**二里头1号宫殿基址使用年代刍议**.许宏.二里头遗址与二里头文化研究——中国·二里头遗址与二里头文化国际学术研讨会论文集.科学出版社.2006年.64—77页

1773.**偃师二里头遗址大型建筑基址的历史学考察**.宋镇豪.二里头遗址与二里头文化研究——中国·二里头遗址与二里头文化国际学术研讨会论文集.科学出版社.2006年.78—91页

1774.**二里头遗址与夏文化**.李先登.二里头遗址与二里头文化研究——中国·二里头遗址与二里头文化国际学术研讨会论文集.科学出版社.2006年.92—95页

1775.**中国龙，华夏魂——试论偃师二里头遗址“龙文物”**.杜金鹏.二里头遗址与二里头文化研究——中国·二里头遗址与二里头文化国际学术研讨会论文集.科学出版社.2006年.96—120页

1776.**绿松石龙图案与夏部族的图腾崇拜**.蔡运章.二里头遗址与二里头文化研究——中国·二里头遗址与二里头文化国际学术研讨会论文集.科学出版社.2006年.135—142页

1777.**二里头遗址的龙纹与龙文化**.李德方.二里头遗址与二里头文化研究——中国·二里头遗址与二里头文化国际学术研讨会论文集.科学出版社.2006年.143—151页

1778.**论二里头文化与夏家店下层文化中的龙、蛇**.顾问、胡继忠.二里头遗址与二里头文化研究——中国·二里头遗址与二里头文化国际学术研讨会论文集.科学出版社.2006年.152—166页

1779.**二里头文化的绿松石制品及相关问题研究**.方辉.二里头遗址与二里头文化研究——中国·二里头遗址与二里头文化国际学术研讨会论文集.科学出版社.2006年.167—179页

1780.**浅谈二里头文化的铜牌饰**.量博满.二里头遗址与二里头文化

研究——中国·二里头遗址与二里头文化国际学术研讨会论文集.科学出版社.2006年.180—183页

1781.**关于二里头文化的青铜斝——从上博藏一件青铜残斝谈及相关问题**.李朝远.二里头遗址与二里头文化研究——中国·二里头遗址与二里头文化国际学术研讨会论文集.科学出版社.2006年.184—199页

1782.**二里头文化青铜彝器的演变及意义**.宫本一夫.二里头遗址与二里头文化研究——中国·二里头遗址与二里头文化国际学术研讨会论文集.科学出版社.2006年.205—221页

1783.**二里头文化兵器初论**.郭妍利.二里头遗址与二里头文化研究——中国·二里头遗址与二里头文化国际学术研讨会论文集.科学出版社.2006年.222—240页

1784.**二里头M3——社会艺术史研究的新线索**.陈芳妹.二里头遗址与二里头文化研究——中国·二里头遗址与二里头文化国际学术研讨会论文集.科学出版社.2006年.241—269页

1785.**浅议豫东龙山文化与二里头文化的关系——兼谈豫东地区先商文化探索的前途问题**.高天麟.二里头遗址与二里头文化研究——中国·二里头遗址与二里头文化国际学术研讨会论文集.科学出版社.2006年.270—278页

1786.**关于新砦期与二里头一期的若干问题**.赵春青.二里头遗址与二里头文化研究——中国·二里头遗址与二里头文化国际学术研讨会论文集.科学出版社.2006年.279—303页

1787.**二里头文化早期遗存分析**.方燕明.二里头遗址与二里头文化研究——中国·二里头遗址与二里头文化国际学术研讨会论文集.科学出版社.2006年.304—318页

1788.**关于二里头文化的年代问题**.仇士华、蔡莲珍、张雪莲.二里头遗址与二里头文化研究——中国·二里头遗址与二里头文化国际学术研讨会论文集.科学出版社.2006年.321—332页

1789.**二里头文化与夏年估计**.李维明.二里头遗址与二里头文化研究——中国·二里头遗址与二里头文化国际学术研讨会论文集.科学出版社.2006年.333—342页

1790.**对二里头遗址最新测年报告的学术思考**.姜寅虎.二里头遗址与二里头文化研究——中国·二里头遗址与二里头文化国际学术研讨会论文集.科学出版社.2006年.343—360页

1791.**二里头文化向晋南的扩张**.佟伟华.二里头遗址与二里头文化研究——中国·二里头遗址与二里头文化国际学术研讨会论文集.科学出版社.2006年.361—373页

1792.**二里头文化中的南方因素**.宋建.二里头遗址与二里头文化研究——中国·二里头遗址与二里头文化国际学术研讨会论文集.科学出版社.2006年.374—386页

1793.**二里头文化对商文明形成的影响**.张渭莲.二里头遗址与二里头文化研究——中国·二里头遗址与二里头文化国际学术研讨会论文集.科学出版社.2006年.387—394页

1794.**关于先商文化洛达庙类型形成与发展的几点认识**.袁广阔.二里头遗址与二里头文化研究——中国·二里头遗址与二里头文化国际学术研讨会论文集.科学出版社.2006年.395—409页

1795.**从嵩山南北的文化整合看夏王朝的出现**.王立新.二里头遗址与二里头文化研究——中国·二里头遗址与二里头文化国际学术研讨会论文集.科学出版社.2006年.410—426页

1796.**夏代早期都城研究**.张莉.二里头遗址与二里头文化研究——

中国 · 二里头遗址与二里头文化国际学术研讨会论文集.科学出版社.2006年.427—439页

1797.**二里头夏都毁弃年代考辨**.徐昭峰.二里头遗址与二里头文化研究——中国 · 二里头遗址与二里头文化国际学术研讨会论文集.科学出版社.2006年.440—443页

1798.**从地域间关系看二里头文化期中原王朝的空间结构**.西江清高、久慈大介.二里头遗址与二里头文化研究——中国 · 二里头遗址与二里头文化国际学术研讨会论文集.科学出版社.2006年.444—456页

1799.**跨世纪十年的夏商都邑考古**.高炜.二里头遗址与二里头文化研究——中国 · 二里头遗址与二里头文化国际学术研讨会论文集.科学出版社.2006年.457—477页

1800.**制度革新与文化融合——王朝更替与考古学文化变革关系的个案分析，以二里头和偃师商城遗址为例**.王学荣.二里头遗址与二里头文化研究——中国 · 二里头遗址与二里头文化国际学术研讨会论文集.科学出版社.2006年.478—492页

1801.**夏王朝“五服”内政外交运作制度模式发微**.何驽.二里头遗址与二里头文化研究——中国 · 二里头遗址与二里头文化国际学术研讨会论文集.科学出版社.2006年.493—497页

1802.**试论夏商之际的历史地理问题——以“鸣条”为例**.石兰梅.二里头遗址与二里头文化研究——中国 · 二里头遗址与二里头文化国际学术研讨会论文集.科学出版社.2006年.498—507页

1803.**洛阳皂角树遗址大断面研究的几点启示**.叶万松、郑莉.二里头遗址与二里头文化研究——中国 · 二里头遗址与二里头文化国际学术研讨会论文集.科学出版社.2006年.508—510页

1804.**再论早商文化的推定及相关问题——断代工程结题后的反**

思（一）.殷玮璋.二里头遗址与二里头文化研究——中国·二里头遗址与二里头文化国际学术研讨会论文集.科学出版社.2006年.511—522页

1805.**王朝成立的考古学证据（提要）**.冈村秀典.二里头遗址与二里头文化研究——中国·二里头遗址与二里头文化国际学术研讨会论文集.科学出版社.2006年.523—524页

1806.**关于二里头遗址及偃师商城与伊尹的关系（提要）**.松丸道雄.二里头遗址与二里头文化研究——中国·二里头遗址与二里头文化国际学术研讨会论文集.科学出版社.2006年.525—526页

1807.**从大师姑遗址的发掘看二里头四期文化的性质（提要）**.王文华.二里头遗址与二里头文化研究——中国·二里头遗址与二里头文化国际学术研讨会论文集.科学出版社.2006年.527—528页

1808.**夏代考古的收获与尚待解决的问题（提要）**.王仲孚.二里头遗址与二里头文化研究——中国·二里头遗址与二里头文化国际学术研讨会论文集.科学出版社.2006年.530—531页

1809.**关于龙山文化的相关问题**.赵红、南海森.河南文物考古论集（四）.大象出版社.2006年.31—35页

1810.**浅谈平粮台古城遗址及其相关问题**.张志华.河南文物考古论集（四）.大象出版社.2006年.36—39页

1811.**邹衡先生与夏商文化分界**.董琦.中原文物2007年第1期.27—31页

1812.**也论二里头类型二期遗存的变化——兼与王克林先生商榷**.石艳艳、吴倩.中原文物2007年第3期.21—25页

1813.**郑州大师姑城址性质试探**.马世之.中原文物2007年第3期.26—29+45页

1814.陶寺遗址聚落形态的初步考察.高江涛.中原文物2007年第3期.13—20页

1815.登封王城岗遗址聚落形态再考察.方燕明.中原文物2007年第5期.30—33页

1816.夏商周断代工程与夏商考古学的发展.杨育彬.中原文物2007年第6期.39—45页

1817.夏王朝都城新探.张国硕.东南文化2007年第3期.23—28页

1818.山西夏时期文化研究综述.王晓毅.文物世界2007年第4期.69—71页

1819. 50年来河北夏代考古的发现与研究.张渭莲、贺军妙.文物春秋2007年第1期.16—19页

1820."二里头四期为夏遗民文化"置疑.尚友萍.文物春秋2007年第5期.20—24页

1821.浅析陶寺文明形成的推动因素.郭智勇.沧桑2007年第2期.19—21页

1822.洛阳仰韶和龙山文化时期墓葬研究.余扶危、李月娥、贾彩霞.洛阳大学学报2007年第3期.56—61页

1823.河南平粮台龙山文化城址发现刻符陶纺轮.张志华、梁长海、张体鸽、王鸿飞.文物2007年第3期.48—49页

1824.夏族兴起于古河济之间的考古学考察.沈长云.历史研究2007年第6期.4—16页

1825.二里头晚期外来陶器因素试析.朱君孝、李清临.考古学报2007年第3期.295—312页

1826.新砦—二里头—二里冈文化考古年代序列的建立与完善.张雪莲、仇士华、蔡莲珍、薄官成、王金霞、钟建.考古2007年第8

期.74—89页

1827.**陶寺遗址出土的板瓦分析**.李乃胜、何努、毛振伟、王昌燧.考古2007年第9期.87—93页

1828.**陶寺遗址为黄帝及帝喾之都考**.潘继安.考古与文物2007年第1期.56—61页

1829.**论新砦古城的性质与启时期的夏文化**.程平山.考古与文物2007年第3期.59—63页

1830.**试析夏商西周文化和冀西北、京津唐地区北方青铜文化的关系**.蒋刚.北方文物2007年第4期.5—12页

1831.**二里头文化研究的新视角——从青铜器的铅同位素比值看二里头四期的文化性质**.李清临、朱君孝.江汉考古2007年第4期.67—71页

1832.**偃师二里头遗址市场蠡测**.李久昌.文博2007年第5期.11—15页

1833.**偃师二里头遗址的都城空间结构及其特征**.李久昌.中国历史地理论丛2007年第4期.49—59页

1834.**论二里头文化在商文明形成中的作用**.张渭莲、宋白桦.河北师范大学学报（哲学社会科学版）2007年第3期.99—102页

1835.**夏代青铜器研究**.张剑.洛阳师范学院学报2007年第1期.20—23页

1836.**新发现的秘鲁古观象台及其与陶寺观象台遗迹的比较**.刘次沅.中国社会科学院古代文明研究中心通讯第34期2007年.1—5页

1837.**从陶寺遗存看中国早期国家之形成——中国早期文明研究札记之五**.曹兵武.中国文物报2007年1月26日

1838.**陶寺观象台与“晋”之关系**.武家璧.中国文物报2007年2月23

日

1839.**“陶寺遗址”与“尧都平阳”的考古学观察——关于中国古代文明起源问题的探讨**.卫斯.中国考古网2007年5月25日

1840.**二里头文化青铜铸造业发展基础管窥**.张天恩.西部考古（第二辑）.三秦出版社.2007年.119—127页

1841.**二里头文化的发现与研究**.李丽娜.河南博物院建院80周年论文集.大象出版社.2007年.50—58页

1842.**关于二里头遗址的省思**.许宏、刘莉.文物2008年第1期.43—52页

1843.**夏商西周文化对其西方和北方地区文化渗透的方向性与层级性**.蒋刚.考古2008年第12期.53—65页

1844.**关于新砦期遗存研究的几个问题**.庞小霞、高江涛.华夏考古2008年第1期.73—80页

1845.**豫北地区二里头时代的地域间关系——以陶器资料分析为中心**.秦小丽.华夏考古2008年第1期.81—95页

1846.**以田野考古为主探索夏文化已经取得硕果——纪念徐旭生先生赴豫西考古调查“夏墟”49周年**.方酉生.华夏考古2008年第2期.144—148页

1847.**关于郑州洛达庙期与南关外期文化性质的讨论**.李丽娜.华夏考古2008年第4期.88—96页

1848.**共工氏流徙的考古学考察**.周书灿、毛长立.文物春秋2008年第2期.21—25页

1849.**登封王城岗城址与禹都阳城**.马世之.中原文物2008年第2期.22—26页

1850.**蒲城店二里头文化城址若干问题探讨**.魏兴涛.中原文物2008

年第3期.36—43+86页

1851.**中原史前聚落分布与特征演化**.李龙.中原文物2008年第3期.29—35页

1852.**豫南地区史前文化初探**.谢清溪.中原文物2008年第4期.36—39页

1853.**夏国家军事防御体系研究**.张国硕.中原文物2008年第4期.40—49页

1854.**“早期夏文化学术研讨会”纪要**.方燕明.中原文物2008年第5期.33—38页

1855.**夏都“河南”在偃师**.许顺湛.中原文物2008年第6期.25—27页

1856.**试论辉县孟庄二里头文化时期城址的性质**.张应桥、徐昭峰.中国历史文物2008年第1期.65—74页

1857.**晋南史前文化的发展与中华古代文明的起源**.王勇.文物世界2008年第4期.11—13页

1858.**从考古发现看夏、商、西周、春秋时期农业区的开发**.陈文华.农业考古2008年第1期.29—34页

1859.**郑州大师姑发现的早商文化与商汤灭夏**.徐昭峰、杨远.考古与文物2008年第5期.26—30页

1860.**走出夏史研究的误区——评沈长云先生的夏史研究**.周书灿.南方文物2008年第4期.26—33页

1861.**太康——夏朝国家的真正建立者**.周书灿.学术月刊2008年第7期.123—129页

1862.**夏族族属及古羌族早期历史初论——重读徐中舒先生《先秦史论稿》**.周书灿.西南民族大学学报（人文社科版）2008年第8

期.49—52页

1863.**“流共工于幽州”的考古学释读——以夏家店下层文化源自后岗二期文化为证**.夏保国.北方文物2008年第3期.3—9页

1864.**基于空间分析的史前郑洛地区连续文化聚落研究**.毕硕本、闾国年、陈济民.地理科学2008年第5期.649—655页

1865.**龙山时期的河洛文化格局——兼论五帝时代的中国文化重心**.蔡靖泉.社会科学战线2008年第2期.137—142页

1866.**夏代——二里头关系问题的争论**.刘莉.中国文物报2008年6月13日

1867.**夏文化探索与中国古代文明形成研究**.李伯谦.中国社会科学院古代文明研究中心通讯第37期2008年.1—16页

1868.**“早期夏文化学术研讨会”纪要**.常怀颖.中国社会科学院古代文明研究中心通讯第38期2008年.59—66页

1869.**襄汾陶寺遗址的历史学信息**.宋镇豪.中国社会科学院古代文明研究中心通讯第15期2008年.19—28页

1870.**试论盛期陶寺文化的和合思想（简稿）——由中期大墓M22说起**.高江涛.中国社会科学院古代文明研究中心通讯第15期2008年.29—32页

1871.**二里头铜牌饰与夏代神话研究——再论“第四重证据”**.叶舒宪.民族艺术2008年第4期.86—95页

1872.**寻找夏朝文明——夏文明探索的意义与进展**.杨漱诗.中华文明的历史与未来国际学术研讨会论文集.2008年.14—20页

1873.**新密市古城寨龙山古城始建年代与黄帝轩辕丘的探讨**.曹桂岑.中国古都研究（第二十三辑）.三秦出版社.2008年.98—107页

1874.**夏都探寻**.张国硕.中国古都研究（第二十三辑）.三秦出版

社.2008年.427—442页

1875.**河南辉县孟庄遗址夏代墓葬及其相关问题**.赵新平、范永禄.东方考古（第4集）.科学出版社.2008年.7—14页

1876.**夏文化探索已经取得硕果——兼评某些不恰当的言论**.方西生.河洛文化论丛（第四辑）.北京图书馆出版社.2008年.60—66页

1877.**尧舜禹及夏代帝都综述**.曲英杰.从考古到史学研究之路——尹达先生百年诞辰纪念文集（1906~2006）.云南人民出版社.2008年.269—299页

1878.**关于二里头文化和夏代考古学遗存的几点认识**.张忠培.中国历史文物2009年第1期.4—8页

1879.**二里头一期文化是早期夏文化**.陈旭.中国历史文物2009年第1期.9—16页

1880.**论关中东部的夏代早期文化遗存**.张天恩.中国历史文物2009年第1期.17—24页

1881.**二里头遗址二里头文化一期遗存试析**.李维明.中国历史文物2009年第1期.25—36页

1882.**论二里头青铜文明的兴起**.韩建业.中国历史文物2009年第1期.37—47页

1883.**我与夏商周考古学**.邹衡.中国历史文物2009年第2期.4—7页

1884.**试论中国史前方形城址的出现**.何军锋.华夏考古2009年第2期.63—70+108页

1885.**略论二里头文化的聚落特征**.袁广阔.华夏考古2009年第2期.71—79页

1886.**对“中国文明史二里头起始论”的质疑**.李之龙.华夏考古2009年第4期.87—94+135页

1887.**新砦聚落考古的实践与方法**.赵春青.考古2009年第2期.48—54页

1888.**夏商周时期戈戟之柲研究**.井中伟.考古2009年第2期.55—69页

1889.**也谈文化形成的滞后性——以早商文化和二里头文化的形成为例**.王立新.考古2009年第12期.47—55页

1890.**徐堡城址的性质问题**.马世之.中原文物2009年第2期.37—40页

1891.**中原地区虞夏时期城址的比较研究**.李丽娜.中原文物2009年第4期.40—48页

1892.**夏商之际王朝文化北向传播的通道及背景探析**.徐昭峰、李丽娜.中原文物2009年第5期.22—28页

1893.**河南焦作府城遗址陶器研究——对二里头・二里冈文化陶器数量分析的尝试**.秦小丽.考古与文物2009年第1期.39—51+109页

1894.**登封王城岗遗址性质分析**.程平山.考古与文物2009年第5期.52—56页

1895.**中国考古学中的学术自由、政治思想正确和早期文明：关于夏——二里头关系的讨论**.刘莉著，付永旭译，星灿校.南方文物2009年第4期.165—172页

1896.**二里头遗址出土兵器初探**.郭妍利.江汉考古2009年第3期.66—75页

1897.**论夏代玉器的审美特征**.朱志荣、石迪.学术研究2009年第3期.134—137页

1898.**《竹书纪年》所载夏都斟寻释论**.张国硕.郑州大学学报（哲学社会科学版）2009年第1期.147—151页

1899.**夏王朝的建立与我国古代文明的形成**.郑杰祥.黄河科技大学学报2009年第4期.24—27页

1900.**陶寺遗址对接历史的可能性及其难题**.刘毓庆、刘鳞龙.晋阳学刊2009年第4期.10—15页

1901.**“禹都阳城”文献资料考索**.张兴兆.郑州航空工业管理学院学报（社会科学版）2009年第2期.53—55页

1902.**河南地区发现的龙山文化城研究**.李晶、宋泽群.濮阳职业技术学院学报2009年第6期.33—34页

1903.**文献所见夏民族的活动范围与考古学上对夏文化的探索**.江林昌.烟台大学学报（哲学社会科学版）2009年第3期.89—96页

1904.**中华文明探源的人类学视角——以二里头与三星堆铜铃铜牌的民族志解读为例**.叶舒宪.文艺研究2009年第7期.125—136页

1905.**龙图腾的根源——二里头文明**.建兵.百科知识2009年第11期.51—53页

1906.**二里头的“中国之最”**.许宏.中国文化遗产2009年第1期.50—67页

1907.**二里头遗址考古五十载掠影**.李维明.文史知识2009年第12期.10—16页

1908.**从陶寺文化看尧舜部落联合体的性质**.杜勇.中华文化论坛2009年第3期.5—10页

1909.**陶寺遗址不是黄帝及帝喾之都——与潘继安先生商榷**.王先胜.社会科学评论2009年第4期.5—15页

1910.**山西襄汾陶寺城址中期王级大墓ⅡM22出土漆杆“圭尺”功能试探**.何驽.自然科学史研究2009年第3期.261—276页

1911.**看“合和”思想与尧文化——以晋南陶寺考古发现为引**.董

永刚.山西农业大学学报（社会科学版）2009年第5期.494—496页

1912.**夏史和夏文化研究的魅力与困惑**.王震中.中国社会科学报2009年9月24日

1913.**探求神秘的夏王朝——记北京大学考古系教授邹衡先生**.中村愿，华国强译.中国文物报2009年1月16日

1914.**夏代、商前期牛骨刻辞试读二例**.李维明.中国文物报2009年2月27日

1915.**《新密新砦》与早期夏文化探索**.韩建业.中国文物报2009年5月20日

1916.**玉振金声二里头　扑朔迷离夏王朝——读许宏博士新著《最早的中国》有感**.易华.中国文物报2009年10月16日

1917.**从陶寺遗址考古收获看中国早期国家特征**.何驽.中国社会科学院古代文明研究中心通讯第18期2009年.32—38页

1918.**陶寺古城——唐虞联盟与夏初中心都邑**.彭邦本.中国社会科学院古代文明研究中心通讯第18期2009年.39—45页

1919.**论陶寺文化发展过程中的异变**.张国硕.中国社会科学院古代文明研究中心通讯第18期2009年.46—49页

1920.**陶寺文化长度基元初探**.何驽.鹿鸣集——李济先生发掘西阴遗址八十周年山西省考古研究所侯马工作站五十周年纪念文集.科学出版社.2009年.142—155页

1921.**陶寺文化与铜铃**.宫本一夫.鹿鸣集——李济先生发掘西阴遗址八十周年山西省考古研究所侯马工作站五十周年纪念文集.科学出版社.2009年.156—159页

1922.**从考古材料看陶寺远古社会的阶级差别**.郭智勇.鹿鸣集——李济先生发掘西阴遗址八十周年山西省考古研究所侯马工作站五十

周年纪念文集.科学出版社.2009年.160—166页

1923.**试论夏文化的探索**.高去寻.潜德幽光——高去寻院士百岁冥诞纪念集."中央研究院"历史语言研究所.2009年.31—35页

1924.**陶寺特殊建筑基址与《尧典》的空间观念**.李学勤.中华文明探源工程文集(社会与精神文化卷).科学出版社.2009年.315—318页

1925.**陶寺城址宫殿区发现的陶板功能试析——陶寺文化的陶瓦**.何驽.中华文明探源工程文集(社会与精神文化卷).科学出版社.2009年.350—361页

1926.**山西襄汾陶寺遗址近年来出土玉石器**.何驽.中华文明探源工程文集(社会与精神文化卷).科学出版社.2009年.395—410页

1927.**禹会村遗址的发掘收获及学术意义**.王吉怀、赵兰会.中华文明探源工程文集(社会与精神文化卷).科学出版社.2009年.655—663页

1928.**夏商城邑的建制要素**.宋镇豪.中华文明探源工程文集(社会与精神文化卷).科学出版社.2009年.809—831页

1929.**河南偃师二里头夏商陶器研究**.陈尧成、张福康、张筱薇、郑光.中华文明探源工程文集(技术与经济卷).科学出版社.2009年.432—438页

1930.**夏商原始瓷和瓷釉起源研究**.陈尧成、张筱薇.中华文明探源工程文集(技术与经济卷).科学出版社.2009年.439—449页

1931.**都城考古的理论与实践探索——从陶寺城址和二里头遗址都城考古分析看中国早期城市化进程**.何驽.三代考古(三).科学出版社.2009年.3—58页

1932.**方法论视角下的夏商分界研究**.许宏.三代考古(三).科学出版社.2009年.68—80页

1933.新密古城寨龙山文化遗址陶器的研究.鲁晓珂、李伟东、王海圣、赵静、罗宏杰、邓泽群、蔡全法.2009年古陶瓷科学技术国际讨论会论文集.上海科学技术文献出版社.2009年.40—46页

1934.二里头与中华文明的形成：一种新的思维.艾兰.多维视域——商王朝与中国早期文明研究.科学出版社.2009年.1—27页

1935.中国早期国家政治格局的变化.刘莉.多维视域——商王朝与中国早期文明研究.科学出版社.2009年.152—170页

1936.简论嵩山地区的夏文化考古研究.方燕明.中华文明与嵩山文明研究（第一辑）.2009年科学出版社.2009年.153—170页

1937.夏早期都邑“阳城”与“阳翟”探索.蔡全法.中华文明与嵩山文明研究（第一辑）.科学出版社.2009年.171—179页

1938.再论新砦陶器盖纹饰的复原问题.顾万发.中华文明与嵩山文明研究（第一辑）.科学出版社.2009年.208—211页

1939.夏代前期城址的考古学观察.方燕明.新果集——庆祝林沄先生七十华诞论文集.科学出版社.2009年.147—159页

1940.从文化变迁看二里头文化排他式殖民扩张及影响——以中条山南北和江汉平原地区为例.段天璟.新果集——庆祝林沄先生七十华诞论文集.科学出版社.2009年.160—175页

1941.遗址资源域分析及其在西金城的初步尝试.王青.新果集——庆祝林沄先生七十华诞论文集.科学出版社.2009年.686—702页

1942.良渚与陶寺——中国历史南北格局的滥觞.宋建忠.文物2010年第1期.44—48页

1943.陶寺文化性质与族属探索.张国硕.考古2010年第6期.66—75页

1944.山台寺龙山文化研究.中国社会科学院考古研究所、美国哈

佛大学皮保德博物馆中美联合考古队.考古2010年第10期.52—60页

1945.**良渚、陶寺与二里头——早期中国文明的演进之路**.韩建业.考古2010年第11期.71—78页

1946.**王湾三期文化的南渐及其相关问题**.靳松安.中原文物2010年第1期.31—38页

1947.**新砦聚落考古的回顾与展望——纪念新砦遗址发掘30周年**.赵春青、张松林.中原文物2010年第2期.30—35页

1948.**临汾龙山文化陶寺类型聚落群研究**.许顺湛.中原文物2010年第3期.34—39页

1949.**"周代杜撰夏王朝说"考辨**.张国硕.中原文物2010年第3期.46—50+55页

1950.**中原龙山城址的年代与兴废原因探讨**.魏兴涛.华夏考古2010年第1期.49—60页

1951.**新密古城寨龙山文化大型建筑基址研究**.杜金鹏.华夏考古2010年第1期.61—69+104页

1952.**博爱西金城龙山文化城址的多学科研究实践与探索——兼议新形势下一线考古工作者的身份定位与转变**.王青.华夏考古2010年第3期.60—66+76页

1953.**试析"夏王朝否定说"形成的原因**.张国硕.华夏考古2010年第4期.90—95页

1954.**论我国早期国家阶段青铜礼器系统的形成**.方辉.文史哲2010年第1期.73—79页

1955.**夏族起源、活动区域与禹都阳城探索**.陈隆文.殷都学刊2010年第4期.44—54页

1956.**从方城八里桥夏商遗址看曲烈的封地**.李迎年.寻根2010年第

1期.124—127页

1957.**二里头：华夏王朝文明的开端**.许宏.寻根2010年第3期.4—12页

1958.**寻找夏代早期的城址**.方燕明.寻根2010年第3期.13—21页

1959.**伊洛地区裴李岗至二里头文化时期复杂社会的演变——地理信息系统基础上的人口和农业可耕地分析**.乔玉.考古学报2010年第4期.423—454页

1960.**东下冯文化的源流及相关问题**.于孟洲、夏微.文物世界2010年第1期.46—50页

1961.**高度与情结——夏鼐关于夏商文化问题的思想轨迹**.许宏.南方文物2010年第2期.1—6页

1962.**二里头遗址文化分期再检讨——以出土铜、玉礼器的墓葬为中心**.许宏、赵海涛.南方文物2010年第3期.44—52页

1963.**二里头文化时期江淮分水岭地区的考古学文化遗存浅析**.段天璟.江汉考古2010年第2期.61—70页

1964.**三析王城岗城堡遗址**.董琦.中国历史文物2010年第2期.4—9页

1965.**论夏王朝存在的依据**.张国硕.中国历史文物2010年第4期.58—66页

1966.**四析王城岗城堡遗址**.董琦.中国历史文物2010年第5期.41—46页

1967.**对《三析王城岗城堡遗址》相关问题的探讨**.方燕明.中国历史文物2010年第5期.32—40页

1968.**河南新密古城寨龙山文化城址发现记**.蔡全法.河南文史资料2010年第4期.72—85页

1969.**夏家店下层文化类型辨析——基于二里头文化类型的对比研究**.徐昭峰.东北史地2010年第2期.10—16页

1970.**夏商时期中原王朝的向外扩张和中原文化圈的拓展**.程有为.郑州大学学报（哲学社会科学版）2010年第1期.132—136页

1971.**试论蜀文化和夏商文化的关系**.宋治民.洛阳师范学院学报2010年第1期.25—31页

1972.**二里头遗址都邑探讨**.方孝廉、方媛媛、方莉.洛阳师范学院学报2010年第3期.31—35页

1973.**平粮台古城遗址**.梁伟、庞守忠、代新建.科技风2010年第9期.39页

1974.**二里头时代的“邦国”**.许宏.团结报2010年1月21日

1975.**蜿蜒的夏商离火：河南南水北调文物保护项目中夏商时期的考古发现与研究**.李素婷.中国文物报2010年3月5日

1976.**陶寺出土铜齿轮形器功能辨析**.何驽.中国文物报2010年3月19日

1977.**夏代青铜器**.杜廼松.中国文物报2010年4月7日

1978.**重访八里桥**.李维明.中国文物报2010年8月6日

1979.**揭秘中国早期国家的资源策略**.陈星灿.中国社会科学报2010年1月19日

1980.**试论新砦遗址出土的“猪首形陶器盖”**.赵春青.考古学集刊第18集.科学出版社.2010年.96—113页

1981.**二里头文化“常旜”及相关诸问题**.冯时.考古学集刊第17集.科学出版社.2010年.149—205页

1982.**二里头时代洛阳盆地环境考古的实践与思考——以孟津寺河南、大阳河剖面的研究为例**.许宏、彭小军、赵海涛.东方考古（第7

集）.科学出版社.2010年.117—127页

1983.**晋中、晋南夏文化聚落群**.许顺湛.中国聚落考古的理论与实践（第一辑）——纪念新砦遗址发掘30周年学术研讨会论文集.科学出版社.2010年.437—454页

1984.**“黄台”、“黄水”与“启都”新论**.蔡全法.中国聚落考古的理论与实践（第一辑）——纪念新砦遗址发掘30周年学术研讨会论文集.科学出版社.2010年.477—485页

1985.**新砦遗址和夏代“启室”**.郑杰祥.中国聚落考古的理论与实践（第一辑）——纪念新砦遗址发掘30周年学术研讨会论文集.科学出版社.2010年.486—488页

1986.**花地嘴遗址聚落问题的初步研究**.顾万发.中国聚落考古的理论与实践（第一辑）——纪念新砦遗址发掘30周年学术研讨会论文集.科学出版社.2010年.489—493页

1987.**豫西北地区龙山文化聚落的控制网络与模式**.王青.考古2011年第1期.60—70页

1988.**河南汝州市煤山龙山文化墓葬的发现与认识**.袁广阔.考古2011年第6期.45—50页

1989.**二里头文化向南方的传播**.向桃初.考古2011年第10期.47—61页

1990.**新密新砦城址中心区大型浅穴式建筑的形制再思考**.周书灿.华夏考古2011年第1期.67—70+103页

1991.**平粮台龙山文化遗存分析**.武世刚.华夏考古2011年第1期.87—90+145页

1992.**青铜爵与良渚陶鬶的关系再议**.吕琪昌.华夏考古2011年第4期.72—78页

1993.**夏商分界、夏文化分期及“夏文化”定义诸题新探**.王震中.华夏考古2011年第4期.79—88+115页

1994.**也谈早期夏文化**.魏继印.考古与文物2011年第3期.25—31+41页

1995.**关于王朝文化滞后于王朝建立理论的商榷**.尚友萍.文物春秋2011年第1期.3—12+31页

1996.**宁镇地区夏时期的考古学文化结构——兼谈江淮地区的文化变迁**.段天璟.东南文化2011年第4期.42—47页

1997.**古代指纹与陶工年龄分析——以二里头遗址出土陶器资料为例**.彭小军.南方文物2011年第1期.54—62页

1998.**铜器对早期中国社会变迁的作用试析**.李宏飞.南方文物2011年第4期.67—73页

1999.**中华文明形成时期的农业经济发展特点**.赵志军.中国国家博物馆馆刊2011年第1期.19—31页

2000.**二里头文化时期长江中游沿岸地区的考古学文化结构**.段天璟.中国国家博物馆馆刊2011年第6期.6—16页

2001.**二里头文化设防聚落的环壕传统**.李宏飞.中国国家博物馆馆刊2011年第6期.17—25页

2002.**夏末商汤居亳与韦地同域说——议新郑望京楼二里头文化城址性质**.李德方、吴倩.中国国家博物馆馆刊2011年第10期.29—32页

2003.**试论二里头文化东下冯类型的来源**.钱燕.安徽文学（下半月）2011年第2期.139—140页

2004.**夏文化时期礼器生成的双重标准及内涵意义考论——以二里头文化遗址为例**.余琳.出土文献与古代学术2011年第6期.4—9页

2005. **2010年陶寺遗址群聚落形态考古新进展**.何驽.中国社会科

学院古代文明研究中心通讯第21期2011年

2006.**陶寺类型社会性质的考古学分析**.贾志强、穆文军.忻州师范学院学报2011年第3期.127—131页

2007.**山西襄汾陶寺古遗址自然变形遗迹的发现及其意义**.姚大全、何驽、陈安国、高江涛、郑海刚.地震学报2011年第4期.545—549页

2008.**陶寺圭尺补正**.何驽.自然科学史研究2011年第3期.278—287页

2009.**济源夏文化浅谈**.冯军.济源职业技术学院学报2011年第1期.29—31页

2010.**夏代早期的历史及其考古学考察**.徐昭峰、王春鸣.辽宁师范大学学报（社会科学版）2011年第4期.114—118页

2011.**夏代二里头陶器的审美特征**.朱志荣、朱媛.清华大学学报（哲学社会科学版）2011年第5期.129—135页

2012.**二里头:开启华夏王朝文明篇章**.许宏.中国社会科学报2011年5月10日

2013.**陶寺邦国文明与中国古史体系**.王震中.中国社会科学报2011年8月16日

2014.**二里头文化"手"形陶刻符浅谈**.李维明.中国文物报2011年7月8日

2015.**河南偃师二里头遗址**.赵海涛、陈国梁、许宏.中国大遗址保护调研报告（一）.科学出版社.2011年.1—69页

2016.**"夏"字形探源**.李维明.东方考古（第8集）.科学出版社.2011年.153—155页

2017.**郑州地区史前至商周时期聚落形态分析**.宋爱平.东方考古

（第8集）.科学出版社.2011年.156—194页

2018.**禹都的历史纠葛——为纪念邹衡先生逝世五周年而作**.陈旭.考古学研究（八）——邹衡先生逝世五周年纪念文集.科学出版社.2011年.143—151页

2019.**二里头文化与先商文化的陶炊器——鼎·鬲·甑·甗**.饭岛武次.考古学研究（八）——邹衡先生逝世五周年纪念文集.科学出版社.2011年.159—178页

2020.**夏商文化分界与偃师西亳的若干问题**.刘绪.考古学研究（八）——邹衡先生逝世五周年纪念文集.科学出版社.2011年.194—209页

2021.**关于中国广域王权国家形成年代的思考**.李宏飞.三代考古（四）.科学出版社.2011年.71—81页

2022.**陶寺圭尺“中”与“中国”概念由来新探**.何驽.三代考古（四）.科学出版社.2011年.85—119页

2023.**陶寺遗址与二里头遗址聚落形态之比较研究**.高江涛.三代考古（四）.科学出版社.2011年.120—128页

2024.**也论夏商时期晋中地区的诸遗存**.常怀颖.三代考古（四）.科学出版社.2011年.183—202页

2025.**从陶容器内残余物的分析考察二里头遗址先民的饮食状况**.赵春燕、赵海涛、陈国梁、许宏.三代考古（四）.科学出版社.2011年.228—233页

2026.**二里头遗址出土小件文物漫谈**.陈国梁.三代考古（四）.科学出版社.2011年.503—506页

2027.**陶寺文化原始宗教信仰蠡测及其特点试析——陶寺出土的艺术品与原始宗教**.何驽.殷墟与商文化——殷墟科学发掘80周年纪念

文集.科学出版社.2011年.295—327页

2028.**夏文化探索与中华文明起源与形成研究**.李伯谦.文明探源与三代考古论集.文物出版社.2011年.16—30页

2029.**关于夏文化探索的谈话**.李伯谦.文明探源与三代考古论集.文物出版社.2011年.91—97页

2030.**大师姑二里头文化城址发现的意义**.李伯谦.文明探源与三代考古论集.文物出版社.2011年.107—109页

2031.**连云港文化遗迹考察的观感与联想**.李伯谦.文明探源与三代考古论集.文物出版社.2011年.110—114页

2032.**"禹都阳城"新证迹**.李伯谦.文明探源与三代考古论集.文物出版社.2011年.115—118页

2033.**新砦遗址发掘与夏文化三个发展阶段的提出**.李伯谦.文明探源与三代考古论集.文物出版社.2011年.119—121页

2034.**从墓葬型制看夏代葬文化中的早期国家阶级对立问题**.黄也平.华夏文化论坛第六辑.吉林文史出版社.2011年.109—113页

2035.**陶寺古城——唐虞联盟与夏初中心都邑**.彭邦本.中国古代文明与国家起源学术研讨会论文集——河北·易县·清西陵.科学出版社.2011年.125—131页

2036.**三论陶寺彩绘龙源自良渚文化**.朱乃诚.中国古代文明与国家起源学术研讨会论文集——河北·易县·清西陵.科学出版社.2011年.132—140页

2037.**从陶寺遗址考古收获看中国早期国家特征**.何驽.中国古代文明与国家起源学术研讨会论文集——河北·易县·清西陵.科学出版社.2011年.141—155页

2038.**试论陶寺文化的性质与族属**.张国硕、魏继印.中国古代文

明与国家起源学术研讨会论文集——河北·易县·清西陵.科学出版社.2011年.156—162页

2039.**禹州瓦店遗址考古新发现的学术意义**.方燕明.中国古代文明与国家起源学术研讨会论文集——河北·易县·清西陵.科学出版社.2011年.197—199页

2040.**新郑望京楼城址与郑父之丘**.郭玮.中原文物2012年第2期.30—34页

2041.**郑州新密出土的新砦期陶铃**.汤威.文物2012年第1期.82—84页

2042.**新砦期年代与性质管见**.张莉.文物2012年第4期.83—89+96页

2043.**对夏商分界的一点看法**.谢肃.考古与文物2012年第4期.60—65+100页

2044.**二里头文化陶字符量化分析**.李维明.考古与文物2012年第6期.50—57页

2045.**豫东北地区龙山时代丘类遗址与城址出现原因初探**.袁广阔.南方文物2012年第2期.82—85页

2046.**中华文明探源工程十年回顾：中华文明起源与早期发展过程中的技术与生业研究**.袁靖.南方文物2012年第4期.5—12页

2047.**望京楼夏代城址与昆吾之居**.张国硕.苏州大学学报（哲学社会科学版）2012年第1期.184—190页

2048.**浅析安阳后冈龙山文化遗址中的瓮棺葬及儿童葬**.何保军.陇东学院学报2012年第6期.58—61页

2049.**试论二里头夏文化遗址中礼器符号类型与表意途径**.余琳.南京艺术学院学报（美术与设计版）2012年第6期.16—21页

2050.**河南龙山时代和早期青铜时代考古六十年**.方燕明.华夏考古

2012年第2期.47—67页

2051.**新郑望京楼城址性质初探**.秦文生.华夏考古2012年第4期.55—58页

2052.**禹州瓦店：龙山聚落的多学科演练**.方燕明.中国文化遗产2012年第5期.82—87页

2053.**“二里头”的意义**.许宏.休闲读品（天下）2012年第1期.124—127页

2054.**晋南运城盆地龙山时期遗存探讨**.王力之.中国国家博物馆馆刊2012年第8期.68—76页

2055.**夏代的礼制与礼器**.袁广阔、王蔚波、祝贺.中华文化画报2012年第5期.100—107页

2056.**偃师二里头绿松石龙形器初探**.谢晓燕.文物鉴定与鉴赏2012年第7期.96—99页

2057.**浅析中原地区的两次文化整合与文明探源的若干问题**.常璐.社会纵横2012年第1期.140—141+144页

2058.**从陶寺遗址看中国早期国家特征**.何驽.团结报2012年11月1日

2059.**关于文明探源研究的一点思考**.王立新.中国文物报2012年8月1日

2060.**试论夏族精神符号的内涵与起源——以传世文献与考古发现相结合的解读**.余琳.中国社会科学院研究生院学报2012年第3期.101—106页

2061.**河南偃师二里头遗址宫殿区考古新收获**.赵海涛、许宏、陈国梁.2011中国重要考古发现.文物出版社.2012年.48—51页

2062.**从稍柴遗址看二里头文化的形成**.袁广阔.考古学研究（十）——庆祝李仰松先生八十寿辰论文集.科学出版社.2012

年.433—439页

2063.**我看陶寺遗址出土的朱书“文字”扁壶**.田建文.考古学研究（十）——庆祝李仰松先生八十寿辰论文集.科学出版社.2012年.530—538页

2064.**公元前2000年：中原大变局的考古学观察**.许宏.东方考古（第9集）.科学出版社.2012年.186—204页

2065.**镶嵌铜牌饰的寓意诸问题再研究**.王青.东方考古（第9集）.科学出版社.2012年.223—242页

2066.**20世纪夏文化探索**.王力之.纪念国博百年考古文集.科学出版社.2012年.39—49页

2067.**垣曲盆地二里头文化若干问题的探讨**.佟伟华.纪念国博百年考古文集.科学出版社.2012年.194—206页

2068.**论夏文化研究的若干问题**.李先登.早期夏文化与先商文化研究论文集.科学出版社.2012年.3—6页

2069.**对探讨早期夏文化的几点看法**.刘绪.早期夏文化与先商文化研究论文集.科学出版社.2012年.7—15页

2070.**嵩山地区夏代早期文化遗址的考察与研究**.张松林.早期夏文化与先商文化研究论文集.科学出版社.2012年.26—30页

2071.**二里头文化聚落动态扫描**.许宏.早期夏文化与先商文化研究论文集.科学出版社.2012年.31—44页

2072.**二里头文化一期研究初步**.常怀颖.早期夏文化与先商文化研究论文集.科学出版社.2012年.45—71页

2073.**早夏文化的时空变迁**.杨树刚.早期夏文化与先商文化研究论文集.科学出版社.2012年.72—79页

2074.**早夏文化来源研究**.吴倩.早期夏文化与先商文化研究论文

集.科学出版社.2012年.80—95页

2075.**寻找夏都**.许顺湛.早期夏文化与先商文化研究论文集.科学出版社.2012年.96—103页

2076.**夏早期都邑“阳城”与“阳翟”**.蔡全法.早期夏文化与先商文化研究论文集.科学出版社.2012年.104—112页

2077.**登封王城岗遗址与禹都阳城**.马世之.早期夏文化与先商文化研究论文集.科学出版社.2012年.113—119页

2078.**早期夏文化与早期夏都探索**.张国硕.早期夏文化与先商文化研究论文集.科学出版社.2012年.120—127页

2079.**郑州大师姑古城与夏之韦国**.刘富良、李德方.早期夏文化与先商文化研究论文集.科学出版社.2012年.128—131页

2080.**郑州大师姑城址学术价值浅识**.李锋.早期夏文化与先商文化研究论文集.科学出版社.2012年.132—140页

2081.**王湾三期文化至二里头文化埋葬方式的演进**.郜向平.早期夏文化与先商文化研究论文集.科学出版社.2012年.141—150页

2082.**浅议二里头镶嵌龙形器的面部纹饰复原**.王青.早期夏文化与先商文化研究论文集.科学出版社.2012年.151—159页

2083.**试论豫南地区二里头时期遗存与周边文化的关系**.徐燕.早期夏文化与先商文化研究论文集.科学出版社.2012年.160—168页

2084.**中国古史传说之洪水说与大禹治水诸史迹的考古学观察**.方燕明.早期夏文化与先商文化研究论文集.科学出版社.2012年.184—201页

2085.**夏代“复合型”国家形态简论**.王震中.早期夏文化与先商文化研究论文集.科学出版社.2012年.202—208页

2086.**“早期夏文化学术研讨会”纪要**.常怀颖.早期夏文化与先商

文化研究论文集.科学出版社.2012年.250—258页

2087.**垣曲古城东关出土石制品分析**.王晓毅.有实其积——纪念山西省考古研究所六十华诞文集.山西人民出版社.2012年.261—266页

2088.**庙底沟二期文化、陶寺文化研究中的问题续谈**.高天麟.有实其积——纪念山西省考古研究所六十华诞文集.山西人民出版社.2012年.267—276页

2089.**陶寺遗址出土的玉石钺及相关问题**.李健民.有实其积——纪念山西省考古研究所六十华诞文集.山西人民出版社.2012年.277—280页

2090.**山西土鼓检索**.田建文.有实其积——纪念山西省考古研究所六十华诞文集.山西人民出版社.2012年.281—285页

2091.**晋中二里头时期遗存的分期及相关问题初论**.张光辉.有实其积——纪念山西省考古研究所六十华诞文集.山西人民出版社.2012年.306—319页

2092.**运城盆地聚落考古再思考**.王月前.有实其积——纪念山西省考古研究所六十华诞文集.山西人民出版社.2012年.320—331页

2093.**石家河文化的北渐及其对豫中西地区的影响**.刘俊男.中原文物2013年第1期.23—39+62页

2094.**试论洛阳盆地二里头文化的形成背景**.张东.中原文物2013年第3期.27—34+73页

2095.**河南长垣宜丘遗址发掘的意义**.袁广阔.中原文物2013年第4期.46—50页

2096.**论鄂豫陕间二里头文化时期的文化格局及势力变迁**.赵东升.中原文物2013年第5期.20—25+37页

2097.**龙山时代晚期嵩山以西地区遗存的性质——从王湾遗址第**

三期遗存谈起.段天璟.中原文物2013年第6期.13—21页

2098.**卞家山出土漆觚的启示**.吕琪昌.华夏考古2013年第3期.69—73+104页

2099.**由"禹兴西羌"说论及大禹传说的发生与重构**.周书灿.中原文化研究2013年第1期.23—27页

2100.**古河济地区与早期国家形成**.袁广阔.中原文化研究2013年第5期.53—58页

2101.**夏人"十迁"及夏都老丘考释**.李玉洁.中州学刊2013年第2期.112—117页

2102.**新砦城址的聚落性质探析**.李龙.中州学刊2013年第6期.118—121页

2103.**玉柄形器功能新识**.魏继印.考古与文物2013年第1期.38—44页

2104.**郑州大师姑城址性质与夏商鼎革的再认识**.姜建设、陈隆文.史学月刊2013年第11期.18—29页

2105.**陶寺出土乐器与中国早期的礼乐文明**.李平.文物世界2013年第1期.52—54页

2106.**有心还是无意：李济汾河流域调查与夏文化探索**.孙庆伟.南方文物2013年第3期.108—116页

2107.**山西临汾盆地史前聚落群聚形态研究**.裴安平.南方文物2013年第4期.42—51页

2108.**编年与阐释——二里头文化年代学研究的时间观**.张东.文物2013年第6期.74—81页

2109.**夏商时期江淮河地区与中原地区的地域间文化动态关系——以陶器资料分析为中心**.秦小丽.江汉考古2013年第2期.54—72

页

2110.夏末商初都邑分析之一——二里头遗址与偃师商城遗存比较.刘绪.中国国家博物馆馆刊2013年第9期.6—25页

2111.晋南陶寺史前艺术的图像学研究.高兴、张钰.艺术百家2013年第2期.164—169+195页

2112.试论夏代会计的存在与表现.陈敏、丁方飞、冯伟.会计论坛2013年第2期.54—66页

2113.夏与西北.易华.丝绸之路2013年第10期.5—13页

2114.郑州大师姑遗址夏商时期聚落变迁分析.任昳霏.剑南文学（经典教苑）2013年第2期.212—213+215页

2115.夏商交替期的青铜器生产与商文化的形成.宫本一夫.金玉交辉——商周考古、艺术与文化论文集."中央研究院"历史语言研究所.2013年.163—190页

2116.中原核心文化区的形成与早期中国.段宏振.早期中国研究（第1辑）.文物出版社.2013年.97—105页

2117.郑州大师姑遗址二里头文化五段一组地层单位文化性质分检.李维明.早期中国研究（第1辑）.文物出版社.2013年.193—197页

2118.先夏与夏初都城迁徙考.贾俊侠.陕西历史博物馆馆刊第20辑，三秦出版社.2013年.101—112页

2119.玉村遗址下层遗存与二里头文化.李维明.郑州青铜文化研究.科学出版社.2013年.3—4页

2120.试谈郑州市及郊区二里头文化分期特征.李维明.郑州青铜文化研究.科学出版社.2013年.31—36页

2121.郑州市二里头文化晚期与二里冈下层一期两组单位陶器统计数据分析比较.李维明.郑州青铜文化研究.科学出版社.2013年.37—

44页

2122.**新砦遗址二里头文化遗存初议**.李维明.郑州青铜文化研究.科学出版社.2013年.45—50页

2123.**简述河南新郑望京楼遗址发现的夏商古城址**.杜平安、郝洋彬.中国古都研究（总第二十五辑）.三秦出版社.2013年.161—167页

2124.**陶寺圭表及相关问题研究**.冯时.考古学集刊（19）.科学出版社.2013年.27—58页

2125.**试论都邑性聚落布局的宇宙观指导理论——以陶寺遗址为例**.何驽.三代考古（五）.科学出版社.2013年.19—37页

2126.**中国文明与早期国家起源的陶寺模式**.高江涛.三代考古（五）.科学出版社.2013年.38—46页

2127.**陶寺城址的布局与规划初步研究**.牛世山.三代考古（五）.科学出版社.2013年.49—61页

2128.**二里头文化的占卜制度初探——以二里头遗址近年出土卜骨为例**.陈国梁、李志鹏.三代考古（五）.科学出版社.2013年.62—72页

2129.**陶爵的制作与生产——以二里头遗址出土资料为例**.彭小军.三代考古（五）.科学出版社.2013年.73—84页

2130.**“禹都阳城”——登封王城岗龙山文化城址研究**.方燕明.中华之源与嵩山文明研究（第一辑）.科学出版社.2013年.60—73页

2131.**嵩山地区与夏文化几个相关问题的探讨**.杨育彬.中华之源与嵩山文明研究（第一辑）.科学出版社.2013年.74—78页

2132.**试论娘娘寨遗址发现的二里头文化遗存**.鲍颖建.中原文物2014年第1期.32—37页

2133.**夏都“老丘”考——从开封地区已经发现的二里头文化遗存中求证**.刘春迎.中原文物2014年第3期.18—23+28页

2134.二里头文化铜铃的类型与铸造分析.蔡杰.中原文物2014年第4期.53—58页

2135.气候突变、人口增长、地理限制与夏朝的建立.吴文祥、葛全胜.中原文物2014年第5期.33—39+81页

2136.史前夏商城址城郭之制分析.张国硕、王琼.中原文物2014年第6期.12—16+53页

2137.读《郑州青铜文化研究》——兼答李维明先生对新砦期论证的疑惑.赵春青.殷都学刊2014年第1期.118—124页

2138.《读〈郑州青铜文化研究〉——兼答李维明先生对新砦期论证的疑惑》辨证.李维明.殷都学刊2014年第3期.30—32页

2139.夏都老丘考略.张国硕.中国国家博物馆馆刊2014年第9期.45—51页

2140.陶寺遗址出土铜器初探.高江涛、何努.南方文物2014年第1期.91—95页

2141.在反思中前行——为"夏商都邑暨偃师商城发现30年学术研讨会"而作.殷玮璋、曹淑琴.南方文物2014年第1期.24—30页

2142.三代文明与青铜时代考古——以概念和时空流变为中心："三代文明"专栏开栏语.许宏.南方文物2014年第1期.86—90页

2143.考古学的春天：1977年"河南登封告成遗址发掘现场会"的学术史解读.孙庆伟.南方文物2014年第1期.130—150页

2144.玫茵堂收藏的二里头文化青铜器.张昌平.南方文物2014年第3期.152—154页

2145.夏商探索30年"回归原点"与郑亳说"崩盘"说辨.李维明.南方文物2014年第4期.37—47页

2146.有关夏代族邦及夏文化的几点思考.郜丽梅.南方文物2014年

第4期.87—89页

2147.**山西南部史前白陶研究**.李嵘.江汉考古2014年第5期.35—40页

2148.**关于二里头文化城址的几点认识**.袁广阔、朱光华.江汉考古2014年第6期.53—57页

2149.**中国早期国家阶段石料来源与资源选择策略——基于二里头遗址的石料分析**.钱益汇、陈国梁、赵海涛、许宏、刘莉.考古2014年第7期.86—95页

2150.**洛阳盆地二里头文化聚落的控制网络与模式——基于遗址资源域和泰森多边形的分析**.王子孟.华夏考古2014年第3期.56—64页

2151.**二里头—二里冈时代文化上的早期中国**.韩建业.中原文化研究2014年第6期.5—12页

2152.**夏商都邑考古暨纪念偃师商城发现30周年国际学术研讨会综述**.赵海涛.中国史研究动态2014年第4期.69—72页

2153.**从齐家到二里头：夏文化探索**.易华.学术月刊2014年第12期.134—144页

2154.**陶寺文化彩绘木器浅探**.刘阳.现代妇女2014年第1期.237—238页

2155.**从陶寺遗址看中国龙山时代王权的形成**.韩焘.现代妇女2014年第3期.177—178页

2156.**石峁与陶寺考古发现的初步比较**.徐峰.文博2014年第1期.18—22+69页

2157.**陕西东部二里头时期遗存分区研究**.李永强.文博2014年第3期.16—19页

2158.**二里头遗址出土绿松石器物的来源初探**.叶晓红、任佳、许

宏、陈国梁、赵海涛.第四纪研究2014年第1期.212—223页

2159.**陶寺陶板为板瓦说存疑**.陈春君.衡阳师范学院学报2014年第4期.85—88页

2160.**困境与出路——对夏文化探索历程的分析**.刘允东.忻州师范学院学报2014年第3期.84—88页

2161.**陶寺文化：中华文明之“中正”观缘起**.何驽.中国社会科学报2014年11月5日

2162.**从玉器传播论华夏早期国家的建立**.章米力.百色学院学报2014年第3期.18—24页

2163.**从二里头文化的分布形势认识夏文化**.袁广阔.洛阳考古2014年第4期.34—39页

2164.**二里头遗址夏都（斟鄩）成因解——一个失去记忆的湖泊、洛池再现与“洛神”传说**.方孝廉、方小兵等.方孝廉考古文集.中州古籍出版社.2014年.171—179页

2165.**从登封王城岗考古新发现看古史传说“大禹治水”**.方燕明.禹会村遗址研究——禹会村遗址与淮河流域文明研讨会论文集.科学出版社.2014年.135—149页

2166.**中原龙山到二里头时期文化与社会发展阶段的两个问题**.戴向明.庆祝张忠培先生八十岁论文集.科学出版社.2014年.184—197页

2167.**“新砦期”遗存的性质及相关问题**.段天璟.庆祝张忠培先生八十岁论文集.科学出版社.2014年.235—247页

2168.**嵩山地区龙山城址与中华早期文明**.薛瑞泽.中国古都研究（第二十七辑）.三秦出版社.2014年.74—81页

2169.**新密市新砦古城遗址初探**.刘峰亭.中国古都研究（第二十七辑）.三秦出版社.2014年.91—96页

2170.试论陶寺文化的分期与类型.曹艳朋.河南文物考古论集（五）.大象出版社.2014年.29—48页

2171.对陶寺遗址社会特征的探讨.罗永顺.江西省博物馆集刊（五）.文物出版社.2014年.182—189页

2172.陶寺古城与尧都平阳.田建文.无限悠悠远古情——佟柱臣先生纪念文集.科学出版社.2014年.355—364页

2173.陶寺遗址出土的朱书文字扁壶.李健民.叩问三代文明——中国出土文献与上古史国际学术研讨会论文集.中国社会科学出版社.2014年.1—3页

2174.偃师二里头与偃师商城——夏商考古中不朽的双子星座.杨育彬.夏商都邑与文化（一）——“夏商都邑考古暨纪念偃师商城发现30周年国际学术研讨会”论文集.中国社会科学出版社.2014年.48—60页

2175.论偃师夏商都邑乃中国文明演进的原动力.宋豫秦、张颖.夏商都邑与文化（一）——“夏商都邑考古暨纪念偃师商城发现30周年国际学术研讨会”论文集.中国社会科学出版社.2014年.61—68页

2176.考古学与夏文化探索.徐昭峰、曹蕊.夏商都邑与文化（一）——“夏商都邑考古暨纪念偃师商城发现30周年国际学术研讨会”论文集.中国社会科学出版社.2014年.89—97页

2177.夏商分界及汤亳问题研究现状、困境与曙光.李锋.夏商都邑与文化（一）——“夏商都邑考古暨纪念偃师商城发现30周年国际学术研讨会”论文集.中国社会科学出版社.2014年.98—106页

2178.也谈“昔三代之居，皆在河洛之间”的根由.王立新.夏商都邑与文化（一）——“夏商都邑考古暨纪念偃师商城发现30周年国际学术研讨会”论文集.中国社会科学出版社.2014年.107—114页

2179.**二里头文化期中原王朝的政治空间模式**.西江清高.夏商都邑与文化（一）——“夏商都邑考古暨纪念偃师商城发现30周年国际学术研讨会”论文集.中国社会科学出版社.2014年.159—168页

2180.**论二里头遗址作为都城的延续年代**.张国硕.夏商都邑与文化（一）——“夏商都邑考古暨纪念偃师商城发现30周年国际学术研讨会”论文集.中国社会科学出版社.2014年.169—175页

2181.**陶寺与二里头铜铃的出现背景——由对新石器时代陶铃的分析入手**.久保田慎二.夏商都邑与文化（一）——“夏商都邑考古暨纪念偃师商城发现30周年国际学术研讨会”论文集.中国社会科学出版社.2014年.315—328页

2182.**二里头文化铜铃的来源与发展**.宫本一夫.夏商都邑与文化（一）——“夏商都邑考古暨纪念偃师商城发现30周年国际学术研讨会”论文集.中国社会科学出版社.2014年.329—341页

2183.**二里头类型第四期与二里岗下层文化的青铜器**.饭岛武次.夏商都邑与文化（一）——“夏商都邑考古暨纪念偃师商城发现30周年国际学术研讨会”论文集.中国社会科学出版社.2014年.373—393页

2184.**葛墟补议**.李德方.夏商都邑与文化（一）——“夏商都邑考古暨纪念偃师商城发现30周年国际学术研讨会”论文集.中国社会科学出版社.2014年.457—460页

2185.**二里头文化与辉卫文化的关系**.袁广阔.夏商都邑与文化（一）——“夏商都邑考古暨纪念偃师商城发现30周年国际学术研讨会”论文集.中国社会科学出版社.2014年.461—468页

2186.**夏商之际中原腹地北邻地区的文化演进**.常怀颖.夏商都邑与文化（一）——“夏商都邑考古暨纪念偃师商城发现30周年国际学术研讨会”论文集.中国社会科学出版社.2014年.469—501页

2187.**一位老考古人心目中的偃师二里头遗址——纪念偃师二里头遗址发现55周年**.杨育彬.夏商都邑与文化（二）——“纪念二里头遗址发现55周年学术研讨会”论文集.中国社会科学出版社.2014年.1—9页

2188.**“夏王朝”考古：学术史·新动向·新思考**.许宏.夏商都邑与文化（二）——“纪念二里头遗址发现55周年学术研讨会”论文集.中国社会科学出版社.2014年.10—18页

2189.**陶寺、石峁与二里头——中原及北方早期国家的形成**.戴向明.夏商都邑与文化（二）——“纪念二里头遗址发现55周年学术研讨会”论文集.中国社会科学出版社.2014年.46—60页

2190.**二里头遗址的出现**.大贯静夫.夏商都邑与文化（二）——“纪念二里头遗址发现55周年学术研讨会”论文集.中国社会科学出版社.2014年.61—77页

2191.**试谈二里头遗址宫殿建筑基址**.徐昭峰、曹蕊、赵美涵.夏商都邑与文化（二）——“纪念二里头遗址发现55周年学术研讨会”论文集.中国社会科学出版社.2014年.78—91页

2192.**略论二里头遗址的围垣作坊区**.陈国梁.夏商都邑与文化（二）——“纪念二里头遗址发现55周年学术研讨会”论文集.中国社会科学出版社.2014年.92—108页

2193.**二里头遗址出土青铜鼎及相关问题探讨**.高江涛.夏商都邑与文化（二）——“纪念二里头遗址发现55周年学术研讨会”论文集.中国社会科学出版社.2014年.138—145页

2194.**万邦玉帛——夏王朝的文化底蕴**.邓淑苹.夏商都邑与文化（二）——“纪念二里头遗址发现55周年学术研讨会”论文集.中国社会科学出版社.2014年.146—248页

2195.**二里头遗址出土镶嵌绿松石牌饰的初步研究**.王青.夏商都邑与文化（二）——“纪念二里头遗址发现55周年学术研讨会”论文集.中国社会科学出版社.2014年.249—277页

2196.**牙璋研究与夏史史迹探索**.朱乃诚.夏商都邑与文化（二）——“纪念二里头遗址发现55周年学术研讨会”论文集.中国社会科学出版社.2014年.278—295页

2197.**夏代时期的太行山东麓地区**.张渭莲.夏商都邑与文化（二）——“纪念二里头遗址发现55周年学术研讨会”论文集.中国社会科学出版社.2014年.437—455页

2198.**夏时期太行山西麓考古学文化谱系研究**.常怀颖.夏商都邑与文化（二）——“纪念二里头遗址发现55周年学术研讨会”论文集.中国社会科学出版社.2014年.456—504页

2199.**丹江流域二里头时代遗存试析**.彭小军.夏商都邑与文化（二）——“纪念二里头遗址发现55周年学术研讨会”论文集.中国社会科学出版社.2014年.505—513页

2200.**豫西南鄂西北地区龙山晚期聚落初探**.王琼.华夏考古2015年第1期.46—52页

2201.**略论陶寺遗址在中国古代文明演进中的地位**.李伯谦.华夏考古2015年第4期.17—20页

2202.**夏王朝·青铜时代·都市国家——读饭岛武次《中国夏王朝考古学研究》一书**.高江涛.华夏考古2015年第4期.148—150页

2203.**豫西南鄂西北地区龙山晚期遗存分析**.王琼.中国国家博物馆馆刊2015年第1期.6—16页

2204.**二里头牙璋（VM3：4）在南中国的波及——中国早期国家政治制度起源和扩散**.邓聪、王方.中国国家博物馆馆刊2015年第5

期.6—22页

2205.**二里头文化年代学研究的反思——多元证据的分歧与互校**.魏凯.中国国家博物馆馆刊2015年第5期.23—32页

2206.**顾颉刚夏史研究与夏文化早期探索**.孙庆伟.中国国家博物馆馆刊2015年第5期.34—55页

2207.**论中华文明的起源及其初步发展——以郑洛地区古都古城为例**.索全星.中原文物2015年第3期.14—20页

2208.**夏文明研究的困局与突破**.刘学堂.中原文物2015年第3期.21—24页

2209.**河南禹州瓦店遗址及其相关问题**.张金凤.中原文物2015年第4期.35—39+86页

2210.**二里头文化非镶嵌类绿松石制品的功能分析**.辛爱罡.中原文物2015年第6期.46—51页

2211.**二里头：中国早期国家形成中的一个关键点**.许宏.中原文化研究2015年第4期.52—57页

2212.**从精神文化考古的维度看中原观念的出现与形成**.何驽.中原文化研究2015年第5期.41—50页

2213.**略论夏禹母族与有莘国历史的若干问题——兼谈伊川新城为有莘国故都**.蔡梦珂、蔡运章.洛阳考古2015年第4期.57—64页

2214.**禹、启都阳城阳翟新证**.贾俊侠.中国历史地理论丛2015年第1辑.103—115+121页

2215.**夏代晚期韦、顾、昆吾等方国地望研究**.张国硕.中国历史地理论丛2015年第2辑.83—89+147页

2216.**二里头：中国最早的“核心文化”**.许宏.世界遗产2015年第8期.36—42页

2217.**梦回伊洛河：二里头先民生活一瞥**.奥登.世界遗产2015年第8期.62—66页

2218.**关于二里头为早商都邑的假说**.许宏.南方文物2015年第3期.1—7+22页

2219.**陶寺与尧都：中国早期国家的典型**.王震中.南方文物2015年第3期.83—93+98页

2220.**陶寺文化二题**.苏家寅.殷都学刊2015年第4期.50—57页

2221.**从陶寺遗址看“唐伐西夏”**.刘铮.四川文物2015年第2期.48—53页

2222.**尧都何在？——陶寺城址发现的考古指证**.何驽.史志学刊2015年第2期.1—6页

2223.**陶寺考古与“节用”思想**.王晓毅.史志学刊2015年第2期.7—10页

2224.**山西夏商时期考古学文化的变迁**.聂东红.史志学刊2015年第3期.112—117页

2225.**公元前2000年前后的中原社会——青铜催生“中国”？**.许宏.大众考古2015年第11期.38—45页

2226.**齐家玉器与夏文化**.易华.百色学院学报2015年第2期.9—18页

2227.**试析曾国文化的发祥地**.马世之.华夏文明2015年第12期.16—20页

2228.**河南郑州东赵遗址考古新发现及其重要历史价值初论**.顾万发.华夏文明2015年第12期.21—24页

2229.**从夏商营都河洛看“天地之中”观念肇始**.李麦产.殷都学刊2015年第1期.1—9页

2230.**濮阳戚城龙山城址的考古勘探、发掘及其意义**.李一丕.中国

社会科学院古代文明研究中心通讯第27期2015年.10—18页

2231.**夏初都城文明研究**.李玉洁.嵩山文明研究通讯第4期2015年

2232.**夏商时期安徽境内的淮河流域文化**.裴世东.安徽水利水电职业技术学院学报2015年第1期.91—93页

2233.**禹的传说与夏兴于中原的再认识**.李桂民.聊城大学学报（社会科学版）2015年第2期.10—16页

2234.**共识中国的形成：二里头化与华夏文明架构的突破**.曹兵武.中国文物报2015年9月11日、18日

2235.**学术史视角下的二里头“商都说”与“夏都说”**.许宏.中国文物报2015年11月20日

2236.**陶寺考古初显尧舜时代的“天下观”**.何努.中国社会科学报2015年6月5日

2237.**陶寺文化谱系梳理**.何努.中国社会科学报2015年6月5日

2238.**夏文化的百年之争**.吴锐.中国社会科学报2015年9月8日

2239.**孟庄龙山古城与共工文明**.李慧萍.中华之源与嵩山文明研究（第二辑）.科学出版社.2015年.112—119页

2240.**早期夏文化新探**.袁广阔.中华之源与嵩山文明研究（第二辑）.科学出版社.2015年.244—258页

2241.**二里头文化第四期应该仍为夏文化**.钱燕.中华之源与嵩山文明研究（第二辑）.科学出版社.2015年.265—287页

2242.**王城岗与新砦——郑州夏代都城试析**.马世之 中国古都研究（第二十八辑）.三秦出版社.2015年.7—15页

2243.**夏商都邑水利文化遗产的考古发现及其价值**.杜金鹏.考古2016年第1期.88—102页

2244.**湖北郧县李营发现的铸铜遗存**.张昌平、陈晖.考古2016年第

6期.118—120页

2245.**论二里头遗址发现的学术价值与意义**.张国硕、李昶.华夏考古2016年第1期.56—66页

2246.**夏王朝时期的城市布局与功能特征**.李鑫.华夏考古2016年第1期.67—74页

2247.**方城八里桥遗址在二里头文化中的地位**.李维明.华夏文明2016年第8期.8—11页

2248.**二里头文化花边罐及相关问题研究**.丁大涛、刘丁辉.华夏文明2016年第8期.12—16页

2249.**王城岗龙山文化大城——"禹都阳城"的所在地**.李伯谦.华夏文明2016年第12期.3—5页

2250.**颛顼遗都帝丘初探**.王景莲.中原文物2016年第1期.24—29页

2251.**驻马店二里头文化探索**.董亚梅、彭爱杰.中国民族博览2016年第9期.34—35+84页

2252.**《禹贡》"降丘宅土、厥土黑坟"新解**.袁广阔、崔宗亮.中原文化研究2016年第1期.85—88页

2253.**公元前两千纪前后中原地区的水道设施（上）**.史宝琳.文物春秋2016年第1期.3—12页

2254.**公元前两千纪前后中原地区的水道设施（下）**.史宝琳.文物春秋2016年第2期.28—35页

2255.**二里头遗址三期"新因素"再审——兼论二里头遗址鬲的来源**.张童心、叶亦帆.史志学刊2016年第1期.60—67页

2256.**大禹故里再探讨**.李龙.中州学刊2016年第3期.108—113页

2257.**论夏禹时代的占卜易卦**.史东雨、史善刚.中州学刊2016年第7期.113—116页

2258.**以古洪水为视角论“禹都阳城”非濮阳所在**.王朝辉.洛阳考古2016年第1期.46—49页

2259.**陶寺遗址出土多璜联璧初探**.高江涛.南方文物2016年第4期.89—97页

2260.**二里头遗址二里头文化四期晚段遗存探析**.赵海涛.南方文物2016年第4期.115—123页

2261.**洛阳地区早期火灶研究**.李永强.南方文物2016年第4期.234—237页

2262.**大夏与夏遗民的迁徙**.张锟.历史教学2016年第10期.33—36+42页

2263.**夏商社会生活初探**.石晓霆.才智2016年第11期.180—182页

2264.**夏商西周时期成都平原与中原地区文化交流的考古发现与研究述论**.于孟洲.徐州工程学院学报（社会科学版）2016年第4期.42—48+108页

2265.**后岗二期文化与早期夏文化探索**.袁广阔.光明日报2016年1月30日

2266.**何处为夏**.易华.中国社会科学报2016年2月23日

2267.**再论禹治洪水兼及夏史诸问题**.沈长云.中国社会科学报2016年11月8日

2268.**夏风西渐——试析二里头文化对古蜀玉器的冲击与影响**.王方.中国社会科学院古代文明研究中心通讯第30期2016年

2269.**“夷夏东西”的新认识**.孙庆伟.中国社会科学院古代文明研究中心通讯第69期2016年.1—18页

2270.**对夏文化探索的一些思考**.方燕明.“城市与文明”学术研讨会论文集.上海古籍出版社.2016年.317—329页

2271.**《“新砦期”研究》增补**.顾万发.三代考古（六）.科学出版社.2016年.107—119页

2272.**关于夏商文化的陶龟**.饭岛武次著，于术译.三代考古（六）.科学出版社.2016年.120—129页

2273.**从礼器看二里头文化各地区之间的关系**.德留大辅著，刘海宇译.三代考古（六）.科学出版社.2016年.130—162页

2274.**邹衡先生与八里桥遗址**.陈旭.古代文明（第10卷）.上海古籍出版社.2016年.5—8页

2275.**夏商周考古学文化体系与范式的建构者——邹衡先生**.徐良高.古代文明（第10卷）.上海古籍出版社.2016年.18—26页

2276.**二里头M3及随葬绿松石龙形器的考古背景分析**.许宏.古代文明（第10卷）.上海古籍出版社.2016年.39—53页

2277.**史前社会复杂化理论与陶寺文化研究**.苏家寅.古代历史文化研究辑刊（15）.花木兰文化出版社.2016年

2278.**中国早期国家——陶寺都邑邦国研究**.王震中.出土文献与中国古代文明——李学勤先生八十寿诞纪念论文集.中西书局.2016年.481—502页

2279.**二里头81YLⅤM4：5镶嵌铜牌饰为鸱鸮说**.王爱民.华夏考古2017年第1期.69—74页

2280.**《容成氏》夏都“中庭”释论**.张立东.华夏考古2017年第1期.126—132页

2281.**中原龙山时代农业结构的比较研究**.邓振华、秦岭.华夏考古2017年第3期.98—108页

2282.**试论郝家台遗址龙山文化时期的墓葬**.李唯.华夏考古2017年第3期.109—122页

2283.**河南漯河郝家台遗址的地貌背景初探**.王辉、张海、鲁鹏.华夏考古2017年第3期.123—130页

2284.**从新石器时代晚期墓葬看豫陕晋相邻地区的等级分化**.魏继印.华夏考古2017年第3期.131—142页

2285.**二里头文化花边装饰溯源**.李永强.华夏考古2017年第4期.80—84页

2286.**追寻"禹都阳城"——河南登封王城岗遗址考古发现历程**.方燕明、郝红星.大众考古2017年第2期.23—34页

2287.**试论早期夏文化的来源**.张贺君.中原文物2017年第4期.29—37页

2288.**夏王朝年代的另类推测和夏都钩迹——兼论夏文化有关问题**.贾洪波.中原文物2017年第5期.44—55页

2289.**二里头遗址"1号大墓"学案综理**.许宏.中原文物2017年第5期.39—43+76页

2290.**龙山—二里头——中国史前文化格局的改变与青铜时代全球化的形成**.张弛.文物2017年第6期.50—59页

2291.**陶寺遗址ⅡM26出土骨耜刻文试析**.何驽.考古2017年第2期.97—102页

2292.**试析王湾三期文化的来源**.魏继印.考古2017年第8期.80—90页

2293.**从夏、夷、商三族关系看夏文化**.魏继印.中原文化研究2017年第3期.36—41页

2294.**豫东夏商考古与古史传说**.徐昭峰、马春梅.中原文化研究2017年第4期.33—41页

2295.**新砦期遗存——"后羿代夏"确有其事的证据**.李伯谦.华夏

文明2017年第1期.3—7页

2296.**碳十四系列测年视角下夏文化的年代问题**.魏继印.华夏文明2017年第9期.21—26页

2297.**文献所见大禹事迹与考古发现如何对应问题的若干思考**.李伯谦.华夏文明2017年第20期.3—6页

2298.**试论夏商周考古中“文化”概念的阶段性差异**.郜向平.南方文物2017年第3期.53—56页

2299.**对夏商三都年代与性质的看法**.谢肃.南方文物2017年第3期.57—63页

2300.**陶寺文化彩绘蟠龙纹浅析**.崔天兴.北方文物2017年第3期.24—28页

2301.**陶寺遗址出土“家有”骨刻辞的意义**.陈治军.殷都学刊2017年第3期.4—6页

2302.**夏人的形成及其神话论略**.闫德亮.中州学刊2017年第6期.120—124页

2303.**文化冲突论视角下二里头文化城址变迁**.桑栎.江汉考古2017年第5期.61—71页

2304.**关于田野考古发掘的认识——以陶寺文化早期城址发掘为例**.李进.怀化学院学报2017年第1期.25—27页

2305.**二里头文化嵌绿松石牌饰的来源**.陈国梁.三代考古（七）.科学出版社.2017年.65—83页

2306.**试析陶寺遗址的“毁墓”现象**.高江涛.三代考古（七）.科学出版社.2017年.345—354页

2307.**论夏商文化的年代分界**.张立东.三代考古（七）.科学出版社.2017年.367—386页

2308.**论新砦文化的源流及性质**.魏继印.考古学报2018年第1期.1—24页

2309.**下王岗遗址出土新石器时代遗存的再认识**.何强.江汉考古2018年第1期.40—49页

2310.**从古文字“析形释义”谈王城岗遗址“共”字陶文之考释**.王朝辉.洛阳考古2018年第2期.37—39页

2311.**二里头文化圆陶片葬俗探析**.李萌、赵宾.洛阳考古2018年第4期.25—31页

2312.**华西系玉器背景下的陶寺文化玉石礼器研究**.何驽.南方文物2018年第2期.36—50页

2313.**试论盛期陶寺文化的和合思想**.高江涛.南方文物2018年第4期.52—57页

2314.**薪火相传探尧都——陶寺遗址发掘与研究四十年历史述略**.何驽、高江涛.南方文物2018年第4期.26—40页

2315.**新探索与新收获：近十年二里头遗址田野考古概述**.赵海涛、许宏.南方文物2018年第4期.58—61页

2316.**界说与方法——夏代信史考古学重建的途径**.孙庆伟.中国文化研究2018年第3期.23—37页

2317.**文献之外的夏代历史——考古学的视角**.张莉.中国文化研究2018年第3期.38—50页

2318.**信史抑或伪史——夏史真伪问题的三次论争**.陈民镇.中国文化研究2018年第3期.51—68页

2319.**二里头绿松石龙牌、铜牌与夏禹、萬舞的关系**.何驽.中原文化研究2018年第4期.31—39页

2320.**对王湾三期文化族属的新思考**.魏继印.中原文化研究2018年

第4期.47—52页

2321.**夏文化探讨的现状与任务**.刘绪.中原文化研究2018年第5期.5—13页

2322.**试论夏商周都城宫城及其相关问题**.徐昭峰、李云.中原文化研究2018年第6期.30—35页

2323.**陶寺遗址陶铃功能探析**.邓玲玲.中原文物2018年第4期.36—46页

2324.**夏商都邑铸铜作坊空间规划分析**.常怀颖.中原文物2018年第5期.68—81页

2325.**河南濮阳马庄遗址龙山文化遗存研究**.李彦英、王景莲、崔宗亮.中原文物2018年第6期.98—108页

2326.**再论新砦遗址的性质与功能**.周书灿.中州学刊2018年第10期.110—114页

2327.**新砦二期文化性质新论（上）**.闫付海.华夏文明2018年第12期.23—30+64页

2328.**新砦二期文化性质新论（下）**.闫付海.华夏文明2018年第14期.26—30+40页

2329.**史前夏商时期都城防御模式浅析**.尚元昕.华夏文明2018年第20期.22—29页

2330.**伊洛平原二里头文化期聚落群聚形态研究**.王子孟、李昶.华夏文明2018年第22期.6—9+31页

2331.**夏代文化遗址分布与夏都地望的耦合性分析**.薛桢雷、吴朋飞.地域研究与开发2018年第5期.176—180页

2332.**“中期质变”视野下的夏代考古学文化**.毕经纬.历史研究2018年第1期.37—51页

2333.**试析夏商时期的朱砂奠基葬**.张国硕、贺俊.考古2018年第5期.79—89页

2334.**二里头文化第四期晚段遗存年代下限的探讨**.李宏飞.考古2018年第11期.82—91页

2335.**二里头遗址出土漆器及其制作产地蠡测**.杨远.文博2018年第4期.43—48页

2336.**论夏商时期的改制石器**.张国硕、郑龙龙.文物2018年第5期.57—68页

2337.**试论二里头文化的铜圆形器**.贺俊.文物春秋2018年第5期.11—17页

2338.**中国早期国家进程关键阶段述论——以二里头文化为视角**.于孟洲.郑州大学学报（哲学社会科学版）2018年第3期.120—126页

2339.**中原地区夏商城市的分布特征与选址的地理考量**.于有光.三门峡职业技术学院学报2018年第1期.26—31页

2340.**夏王朝时期崤函古道交通的初创**.李久昌.三门峡职业技术学院学报2018年第2期.1—9页

2341.**陶寺所在晋南当为“最初中国”**.高江涛.中国社会科学报2018年7月6日

2342.**赵芝荃先生与淮左地区考古调查和二里头文化探索**.陈国梁.中国文物报2018年4月6日

2343.**夏商都邑铸造作坊的空间规划**.常怀颖.中国文物报2018年9月21日

2344.**夏人原居地探析**.李琳之.首届“中华传统文化与华夏文明探源”国际论坛论文集.2018年.57—67页

2345.**洛阳盆地与晋南早期交通道路之“中条沮津道”**.高江涛.中

原文物2019年第1期.40—47页

2346.**洛阳盆地与晋南早期交通道路之“虞坂巅軨道”**.高江涛.中原文物2019年第2期.76—81页

2347.**洛阳盆地与晋南早期交通道路之“轵关陉道”**.高江涛.中原文物2019年第3期.38—46页

2348.**陶寺遗址鼓磬组合及相关问题研究**.张蕾.中原文物2019年第3期.109—115页

2349.**二里头遗址发现60年的回顾、反思与展望**.赵海涛、许宏、王振祥、孙慧男、卜莹莹.中原文物2019年第4期.45—55页

2350.**偃师二里头遗址祭祀遗存的发现与研究**.杜金鹏.中原文物2019年第4期.56—70页

2351.**合与分：聚落考古视角下二里头都邑的兴衰解析**.陈国梁.中原文物2019年第4期.71—80页

2352.**二里头文化铃的性质刍议**.邓玲玲.中原文物2019年第4期.81—88页

2353.**齐家文化与二里头文化交流探析**.庞小霞、王丽玲.中原文物2019年第4期.89—98页

2354.**“最早的中国”新解**.孙庆伟.中原文物2019年第5期.44—50页

2355.**也谈“最早的中国”**.张国硕.中原文物2019年第5期.51—59页

2356.**运城盆地“龙山时代遗存”再认识**.段天璟、董霄雷.考古2019年第6期.59—74页

2357.**第二届“夏文化”国际研讨班纪要**.张立东、李静、丁福林.华夏考古2019年第4期.121—128页

2358.**龙山时代：新风尚与旧传统**.韩建业.华夏考古2019年第4期.47—51页

2359.**中华文明总进程的核心与引领者：二里头文化的历史位置**.赵海涛、许宏.南方文物2019年第2期.57—67页

2360.**二里头：从田野到阐释**.许宏、贺俊.南方文物2019年第2期.68—79页

2361.**夏文化探索与夏代信史说**.董琦.南方文物2019年第2期.80—84页

2362.**二里头文化古史属性研究的新动态及相关问题**.贺俊.南方文物2019年第2期.85—94页

2363.**二里头遗址三号建筑院内墓葬探讨**.郜向平、覃覃.南方文物2019年第2期.111—116页

2364.**试论二里头选择性下葬制度与祖先信仰系统的重构**.张莉、秦帅帅.南方文物2019年第2期.117—121+67页

2365.**二里头考古六十年**.许宏、贺俊.文史知识2019年第9期.4—12页

2366.**困境与变局：夏商分界探索小史**.孙慧琴.文史知识2019年第9期.13—19页

2367.**走近二里头都邑的宫殿区**.王煜凡.文史知识2019年第9期.20—26页

2368.**科技考古视野下的二里头遗址生产制造业**.秦超超.文史知识2019年第9期.27—32页

2369.**“最早中国”之我见**.杜金鹏.南方文物2019年第6期.1—10页

2370.**夏文化考古学探索六十年的启示**.朱凤瀚.历史研究2019年第1期.22—35页

2371.**论新砦文化与王湾三期文化的关系**.魏继印.考古学报2019年第3期.301—326页

2372.**陶寺2002ⅡM22的年代问题**.田建文.文博2019年第5期.28—34页

2373.**陕西东部地区二里头时期遗存分期研究**.李永强、王继红.文博2019年第6期.39—47页

2374.**“夷夏之争”与夏人的东迁及对淮河流域的影响**.金荣权.中原文化研究2019年第1期.47—54页

2375.**试论夏商西周畿内防御体系的构建**.徐昭峰、申颖.中原文化研究2019年第4期.18—25页

2376.**商王朝、夏王朝与上古五帝**.唐际根.美成在久2019年第4期.18—23页

2377.**龙山时代的三个丧葬传统**.韩建业.江汉考古2019年第4期.47—51页

2378.**中国古代初期城市的营建考察——以石家河聚落群、陶寺城址为例**.牛世山、杨婧雅.江汉考古2019年第5期.47—58页

2379.**新砦文化农业综论**.郭荣臻.农业考古2019年第6期.36—44页

2380.**从陶质礼器看夏文化的形成**.徐大江.中国陶瓷2019年第9期.86—90页

2381.**陶寺遗址的水资源利用和水控制**.何驽.故宫博物院院刊2019年第11期.85—98页

2382.**陶寺天文观象台“天地之中”内涵及相关问题初步研究**.顾万发.文博2019年第6期.32—38页

2383.**新砦遗址：打开“早夏”之门的钥匙**.魏继印、赵春青、耿广响.自然与文化遗产研究2019年第12期.159—162页

2384.**夏都“斟鄩”选建洛阳试探**.张应桥.三门峡职业技术学院学报2019年第3期.9—14页

2385.**方城鼻祖——平粮台龙山文化古城遗址研究**.项年.建材与装饰2019年第33期.111—112页

2386.**浅析二里头文化对商周历史格局形成的影响**.冯游游.文化创新比较研究2019年第32期.33—34页

2387.**考古学参与传说时代古史探索的论理**.许宏.遗产2019年第一辑.201—207页

2388.**夏文化:传说与史实中的考古学角色**.郭伟民.遗产2019年第一辑.208—222页

2389.**公元前1920年积石峡溃决大洪水与夏王朝的建立**.柴克东.上海文化2019年第10期.13—19+76页

2390.**二里头2005VT111出土的陶水管“筒瓦”解**.何驽.华夏文明2019年第4期.16—17+43页

2391.**试论豫东地区在夏商交替进程中的地位与作用**.马军民.华夏文明2019年第18期.31—35页

2392.**夏商时期都城选址简析**.郑国奇.文物鉴定与鉴赏2019年第15期.40—42页

2393.**二里头文化青铜礼器研究**.段玉琬.文物鉴定与鉴赏2019年第16期.57—59页

2394.**中原地区龙山至二里头时期未成年人墓葬研究**.王俭.西部学刊2019年第4期.71—74页

2395.**徐旭生与夏文化探索**.徐有礼.团结报2019年6月20日

2396.**夏代：从猜想到论证**.许云峰.第一财经日报2019年2月1日

2397.**新砦遗址新砦期花边罐及其启示**.李维明.中国文物报2019年

5月5日

2398.**黄寨二里头文化牛骨刻辞发现与研究**.李维明.中国文物报2019年10月11日

2399.**二里头文化牛骨刻辞发现“夏”字**.李维明.洛阳日报2019年10月24日

2400.**关键要搞清楚夏的地域问题**.沈长云.中国社会科学报2019年5月27日

2401.**科学地探寻夏朝与最早中国**.陈淳.中国社会科学报2019年6月10日

2402.**三代聚落述略**.谢肃.三代考古（八）.科学出版社.2019年.3—23页

2403.**关于陶寺早期王族墓地的几点思考**.何驽.三代考古（八）.科学出版社.2019年.24—33页

2404.**中原腹地以北地区的“过渡期”遗存蠡探**.常怀颖.三代考古（八）.科学出版社.2019年.437—469页

（三）硕博论文

2405.**论中原地区龙山时期与夏代的考古学文化**.董琦.北京大学考古系博士学位论文1992年

2406.**试论陕晋豫邻境地区新石器时代考古学文化**.刘晓东.郑州大学硕士学位论文1996年

2407.**早期夏文化研究**.杨树刚.郑州大学硕士学位论文2002年

2408.**试论豫北三义寨遗址龙山文化**.李丽娜.郑州大学硕士学位论文2002年

2409.**二里头遗址与夏都**.高江涛.郑州大学硕士学位论文2003年

2410.**试论新砦文化**.庞小霞.郑州大学硕士学位论文2004年

2411.**二里头文化初步研究——以陶器遗存为中心**.楚小龙.武汉大学硕士学位论文2004年

2412.**晋陕高原夏商时期考古学文化格局研究**.赵菊梅.吉林大学硕士学位论文2004年

2413.**龙山时期至二里头早期的社会复杂化进程初探**.常怀颖.四川大学硕士学位论文2005年

2414.**二里头文化玉器的考古学研究**.郝炎峰.中国社会科学院研究生院硕士学位论文2005年

2415.**二里头文化时期的文化格局**.段天璟.吉林大学博士学位论文2005年

2416.**二里头文化研究**.袁广阔.郑州大学博士学位论文2005年

2417.**河南偃师二里头遗址的动物考古学研究**.杨杰.中国社会科学院研究生院硕士学位论文2006年

2418.**夏商西周宫殿建筑文化研究**.戴良燕.广西师范大学硕士学位论文2006年

2419.**太行山两翼北方青铜文化的演进及其与夏商西周文化的互动**.蒋刚.吉林大学博士学位论文2006年

2420.**襄汾陶寺等遗址的植硅石分析**.姚政权.中国科学技术大学博士学位论文2006年

2421.**从夏代的出土乐器看夏代艺术的特征**.牛韵星.山西大学硕士学位论文2006年

2422.**考古发现与夏商起源研究——以鲁西南考古为中心**.侯仰军.山东大学博士学位论文2006年

2423.**试论二里头文化的来源**.吴倩.郑州大学硕士学位论文2007年

2424.**夏商周时期房屋建筑技术初步研究**.李栋.山东大学硕士学位论文2007年

2425.**皖西南地区夏商时期的考古学文化**.陶治强.安徽大学硕士学位论文2007年

2426.**峡江地区夏商时期考古学文化研究**.于孟洲.吉林大学博士学位论文2007年

2427.**夏、商、周三族种系构成研究——兼论华夏族的起源**.赵亚锋.吉林大学硕士学位论文2007年

2428.**燕山南麓夏商时期考古学遗存研究**.盛立双.吉林大学硕士学位论文2007年

2429.**从人地关系角度看夏朝的兴衰**.刘素娜.湘潭大学硕士学位论文2007年

2430.**公元前4000至前1500年中原腹地的文化演进与社会复杂化**.张海.北京大学考古文博学院博士学位论文2007年

2431.**二里头文化青铜酒器造型设计探析**.仲溪.苏州大学硕士学位论文2008年

2432.**陶寺遗址出土石器的微痕研究——兼论陶寺文化的生业形态**.蔡明.西北大学硕士学位论文2008年

2433.**陶寺文化研究**.曹艳朋.郑州大学硕士学位论文2009年

2434.**论夏代手工业**.郑璐璐.郑州大学硕士学位论文2009年

2435.**夏代早期都城变迁研究**.齐磊.郑州大学硕士学位论文2009年

2436.**新砦期遗存辨析**.褚金刚.吉林大学硕士学位论文2009年

2437.**夏商西周时期中原文化中的北方文化因素研究**.韩金秋.吉林大学博士学位论文2009年

2438.**二里头早期国家兴衰的聚落考古学研究**.韦姗杉.河北师范大学硕士学位论文2010年

2439.**洛阳盆地二里头文化期聚落形态考察**.王子孟.山东大学硕士学位论文2010年

2440.**豫东地区夏商时代文化研究**.赵俊杰.郑州大学硕士学位论文2010年

2441.**夏商周时期黄河中游地区壕沟初探**.任昳霏.中央民族大学硕士学位论文2010年

2442.**史前至夏商时期中原地区手工业研究**.韩香花.郑州大学博士学位论文2010年

2443.**夏商周三代审美风尚与礼仪构建**.余琳.中国社会科学院研究生院博士学位论文2010年

2444.**龙山至二里头时代城邑研究**.李丽娜.郑州大学博士学位论文2010年

2445.**二里头遗址出土陶器的制作技术研究**.久慈大介.中国社会科学院研究生院博士学位论文2010年

2446.**郑州大师姑城址研究**.李锋.郑州大学博士学位论文2010年

2447.**“后羿代夏”的考古学观察**.王琼.郑州大学硕士学位论文2011年

2448.**二里头文化四期性质研究**.钱燕.郑州大学硕士学位论文2011年

2449.**论夏商时期河洛集团与苗蛮集团的文化交流与融合**.刘雪红.郑州大学硕士学位论文2011年

2450.**二里头文化与周边地区考古学文化交流研究**.崔宗亮.郑州大学硕士学位论文2011年

2451.**夏商时期陶大口尊研究**.孙战伟.陕西师范大学硕士学位论文2011年

2452.**郑州地区二里头文化研究**.常荩心.首都师范大学硕士学位论文2011年

2453.**从龙山到二里头——以嵩山南北为中心**.张莉.北京大学考古文博学院博士学位论文2012年

2454.**颍河中上游龙山晚期遗存的文化因素分析**.李彬森.广西师范大学硕士学位论文2012年

2455.**河南禹州瓦店遗址出土铲类石制品研究**.逄博.北京大学硕士学位论文2013年

2456.**王油坊文化研究**.王蒙.吉林大学硕士学位论文2013年

2457.**陶寺和二里头遗址古代黄牛分子考古学研究**.孙洋.吉林大学硕士学位论文2013年

2458.**后岗二期文化研究**.陈遵.中山大学硕士学位论文2013年

2459.**淅川下寨遗址龙山晚期遗存及相关问题研究**.王洪领.郑州大学硕士学位论文2013年

2460.**龙山文化墓葬与二里头文化墓葬的比较研究**.燕飞.郑州大学硕士学位论文2013年

2461.**夏都斟寻研究**.王龙霄.郑州大学硕士学位论文2013年

2462.**“大禹治水”传说的发生地域新考——以“汝海”为中心的分析**.何沛东.浙江大学硕士学位论文2013年

2463.**夏县东下冯遗存再研究**.李小龙.山西大学硕士学位论文2013年

2464.**汉水流域夏商时期考古学文化研究**.胡刚.西北大学博士学位论文2013年

2465.二里头王都的龙文化研究.常淑敏.中国社会科学院研究生院硕士学位论文2014年

2466.河南巩义花地嘴遗址出土动物遗存研究.刘一婷.中国社会科学院研究生院硕士学位论文2014年

2467.夏商城市规划和布局研究.王豪.郑州大学硕士学位论文2014年

2468.唐虞早夏时期晋南农业文化研究.赵越云.西北农林科技大学硕士学位论文2014年

2469.探析夏商周青铜礼器造型及纹饰的演变与中国古代政权更替的因果关系.何莹.吉林大学硕士学位论文2014年

2470.试论东龙山文化的分期与发展进程.胡平平.吉林大学硕士学位论文2014年

2471.早期夏文化探索.刘铮.南京大学博士学位论文2014年

2472.双洎河流域史前遗存研究.韩佳佳.郑州大学硕士学位论文2015年

2473.夏代玉器的初步研究.周宇杰.辽宁师范大学硕士学位论文2015年

2474.豫西南鄂西北地区龙山晚期至二里头时代考古学文化研究.王琼.郑州大学博士学位论文2015年

2475.中国文明的起源与诸夏认同的产生.丁新.南京大学博士学位论文2015年

2476.豫中颍汝河流域龙山时期文化谱系与文化互动研究.赵雅楠.首都师范大学硕士学位论文2016年

2477.后岗二期文化与周邻文化关系及相关问题研究.李世伟.郑州大学硕士学位论文2016年

2478.**中原地区早期城址护城壕研究**.鲁浩.郑州大学硕士学位论文2016年

2479.**二里头文化花边口圆腹罐初步研究**.白梅.陕西师范大学硕士学位论文2016年

2480.**石峁文化与二里头文化玉器比较研究**.张国英.河北师范大学硕士学位论文2016年

2481.**二里头遗址第四期遗存研究**.耿杨.吉林大学硕士学位论文2016年

2482.**试论夏商时期的绿松石制品**.刘菀.中央民族大学硕士学位论文2016年

2483.**河南大赉店遗址龙山时期植物遗存分析**.武欣.山东大学硕士学位论文2016年

2484.**嵩山东南地区龙山时代的聚落与社会**.付永敢.山东大学博士学位论文2016年

2485.**中原早期城市与文明研究**.李昶.郑州大学博士学位论文2016年

2486.**后岗二期文化发展阶段及其与周邻文化的关系研究——以陶器为中心**.刘媛媛.云南大学硕士学位论文2017年

2487.**中原地区夏代族群迁徙研究**.王雪.郑州大学硕士学位论文2017年

2488.**试论三义寨类型龙山文化**.宁点点.河南大学硕士学位论文2018年

2489.**河南西平上坡遗址出土动物遗存研究**.杨猛.河南大学硕士学位论文2018年

2490.**豫中地区煤山文化分期研究**.郭雪洁.云南大学硕士学位论文

2018年

2491.**河南巩义花地嘴遗址出土石刀表面植物微体遗存分析**.唐桂桃.厦门大学硕士学位论文2018年

2492.**沟湾遗址出土史前陶器的制作工艺与产地研究**.张贤蕊.郑州大学硕士学位论文2018年

2493.**中原地区夏商陶窑研究**.张远.郑州大学硕士学位论文2018年

2494.**晋东南地区二里头时期考古遗存研究**.张雪霏.辽宁师范大学硕士学位论文2018年

2495.**双洎河流域夏商时期聚落的考古学研究**.张婉颖.南京大学硕士学位论文2018年

2496.**新郑望京楼遗址夏商城址研究**.毛智周.武汉大学硕士学位论文2018年

2497.**陶寺文化玉器研究**.乔杨.湖南大学硕士学位论文2018年

2498.**中原地区夏商城邑石器工业研究**.郑龙龙.郑州大学博士学位论文2018年

2499.**花地嘴遗址新砦期陶器生产相关问题探讨**.袁超.山东大学硕士学位论文2019年

2500.**史前刻槽盆研究**.王宁.西北大学硕士学位论文2019年

2501.**王湾三期文化年代及生业研究**.刘鑫.中山大学硕士学位论文2019年

2502.**中原地区史前至夏商时期毁器葬研究**.赵腾飞.郑州大学硕士学位论文2019年

2503.**中原地区夏商时期窖穴遗存研究**.夏培朝.郑州大学硕士学位论文2019年

2504.**夏商周冶铸遗址中的祭祀遗存研究**.谢青.郑州大学硕士学位

论文2019年

2505.**泗水中上游夏商周时期的聚落考古研究**.孙淇.郑州大学硕士学位论文2019年

2506.**洛阳地区龙山至夏商时期聚落变迁研究**.杨铭.郑州大学硕士学位论文2019年

2507.**新郑望京楼夏商城邑聚落演变与社会变迁**.冯永恒.河南大学硕士学位论文2019年

2508.**夏商西周时期铅锡器研究**.聂振阁.河南大学硕士学位论文2019年

2509.**夏商之际豫北地区考古学文化研究**.史炎炎.河北师范大学硕士学位论文2019年

2510.**二里头文化至春秋时期铸铜作坊研究**.路晋东.武汉大学硕士学位论文2019年

2511.**夏商周祭祀遗存研究**.张煜珧.西北大学博士学位论文2019年

二、专题研究

（一）体质人类学

2512.**陶寺居民人类学类型的研究**.李法军.文物春秋2001年第4期.8—16+53页

2513.**中国夏、商、周时期人骨种族特征之研究**.韩康信.新世纪的中国考古学——王仲殊先生八十华诞纪念论文集.科学出版社.2005年.925—951页

2514.**河南禹州市瓦店新石器时代人骨研究**.朱泓、王明辉、方

启.考古2006年第4期.87—94页

2515.**中国夏代人牙齿磨耗的研究**.王巍、曾祥龙、刘武.口腔正畸学2006年第3期.127—129页

2516.**陶寺、上马、延庆古代人群臼齿磨耗速率的比较研究**.何嘉宁.人类学学报2007年第2期.116—124页

2517.**二里头与游邀遗址出土的夏代人颅骨标本的龋病研究**.王巍、曾祥龙、刘武.中华口腔医学杂志2008年第5期.308—310页

2518.**陶寺中晚期人骨的种系分析**.张雅军、何驽、张帆.人类学学报2009年第4期.363—371页

2519.**二里头遗址、陶寺遗址部分人骨碳十三、氮十五分析**.张雪莲、仇士华、薄官成、王金霞、钟建.中华文明探源工程文集（技术与经济卷）.科学出版社.2009年.286—294页

2520.**山西陶寺遗址出土人骨的病理和创伤**.张雅军、何驽、尹兴喆.人类学学报2011年第3期.265—273页

2521.**禹州瓦店遗址出土部分人类牙釉质的锶同位素比值分析**.赵春燕、方燕明.华夏考古2014年第3期.123—127页

2522.**陶寺遗址中晚期出土部分人类牙釉质的锶同位素比值分析**.赵春燕、何驽.第四纪研究2014年第1期.66—72页

2523.**二里头遗址土壤中微量元素与人体健康的初步研究**.赵春燕、赵海涛、陈国梁、许宏.夏商都邑与文化（二）——“纪念二里头遗址发现55周年学术研讨会”论文集.中国社会科学出版社.2014年.365—371页

2524.**稳定碳氮同位素视角下的河南龙山墓葬与社会**.周立刚.华夏考古2017年第3期.145—152页

2525.**河南尉氏新庄遗址二里头人骨种系初探**.孙蕾、张小虎、朱

泓.文物春秋2017年第5期.18—26页

2526.**徐堡遗址龙山文化居民颅骨的形态学研究**.周亚威、刘明明、冯春艳、韩长松.人类学学报2018年第1期.18—28页

2527.**河南禹州瓦店遗址龙山时期古代居民DNA分析**.崔银秋、方燕明、宁超、李添娇.华夏考古2019年第4期.41—46+83页

（二）动物考古

2528.**河南汤阴白营河南龙山文化遗址的动物遗骸**.周本雄.考古学集刊（第3集）.中国社会科学出版社.1983年.48—50页

2529.**驻马店杨庄遗址发现的兽骨及其意义**.周军、朱亮.考古与文物1998年第5期.56—59+93页

2530.**禹州瓦店遗址动物遗骸的鉴定和研究**.吕鹏.中华文明探源工程文集（技术与经济卷）.科学出版社.2009年.179—194页

2531.**公元前2500—公元前1500年中原地区动物考古学研究——以陶寺、王城岗、新砦和二里头遗址为例**.袁靖、黄蕴平、杨梦菲、杨洁、吕鹏、陶洋.中华文明探源工程文集（技术与经济卷）.科学出版社.2009年.215—236页

2532.**陶寺和二里头遗址古绵羊线粒体DNA序列多态性分析**.蔡大伟、韩璐、周慧、朱泓.中华文明探源工程文集（技术与经济卷）.科学出版社.2009年.271—276页

2533.**河南新砦遗址人、猪食物结构与农业形态和家猪驯养的稳定同位素证据**.吴小红、肖怀德、魏彩云、潘岩、黄蕴平、赵春青、徐晓梅、Nives Ogrinc.中华文明探源工程文集（技术与经济卷）.科学出版社.2009年.295—304页

2534.**二里头遗址出土动物来源初探——根据牙釉质的锶同位素比值分析**.赵春燕、李志鹏、袁靖、赵海涛、陈国梁、许宏.考古2011年第7期.68—75页

2535.**中华文明形成时期的动物考古学研究**.动物考古课题组.科技考古（第三辑）.科学出版社.2011年.80—99页

2536.**山西省襄汾县陶寺遗址出土动物牙釉质的锶同位素比值分析**.赵春燕、袁靖、何努.第四纪研究2011年第1期.22—28页

2537.**中国新石器时代晚期动物利用的变化个案探究——山西省龙山时代晚期陶寺遗址的动物研究**.博凯龄.三代考古（四）.科学出版社.2011年.132—181页

2538.**河南博爱西金城遗址哺乳动物遗存分析**.宋艳波、王青.东方考古（第8集）.科学出版社.2011年.318—329页

2539.**河南省偃师市二里头遗址出土部分动物牙釉质的锶同位素比值分析**.赵春燕、杨杰、袁靖、李志鹏、许宏、赵海涛、陈国梁.中国科学:地球科学2012年第7期.1011—1017页

2540.**陶寺遗址家畜饲养策略初探：来自碳、氮稳定同位素的证据**.陈相龙、袁靖、胡耀武、何驽、王昌燧.考古2012年第9期.75—82页

2541.**河南禹州市瓦店遗址出土动物遗存的元素和锶同位素比值分析**.赵春燕、吕鹏、袁靖、方燕明.考古2012年第11期.89—96页

2542.**陶寺遗址古代黄牛的母系遗传研究**.孙洋、蔡大伟、袁靖、周慧.农业考古2013年第4期.238—241页

2543.**二里头遗址出土黄牛线粒体DNA研究**.孙洋、蔡大伟、袁靖、周慧.北方文物2014年第3期.28—31页

2544.**新砦遗址出土羊的死亡年龄及畜产品开发策略**.戴玲玲、李志鹏、胡耀武、赵春青、王昌燧.考古2014年第1期.94—103页

2545.**河南偃师二里头遗址动物骨胶原的H、O稳定同位素分析**.司艺、李志鹏、胡耀武、袁靖、王昌燧.第四纪研究2014年第1期.196—203页

2546.**河南登封南洼遗址二里头时期出土骨器简析**.侯彦峰、张继华、王娟、蓝万里、李靖璐、马萧林.动物考古（第2辑）.文物出版社.2014年.106—113页

2547.**从二里头遗址出土动物遗存看二里头文化的畜牧业经济**.李志鹏、司艺、杨杰.夏商都邑与文化（二）——“纪念二里头遗址发现55周年研讨会”论文集.中国社会科学出版社.2014年.383—401页

2548.**新砦遗址出土部分动物骨的碳氮稳定同位素分析**.张雪莲、赵春青.南方文物2015年第4期.232—240页

2549.**解读动物密码：二里头遗址出土动物的多学科合作研究**.李志鹏、袁靖.世界遗产2015年第8期.52—54页

2550.**中国新石器时代至先秦时期遗址出土家犬的动物考古学研究**.武庄、袁靖、赵欣、陈相龙.南方文物2016年第3期.155—161页

2551.**二里头遗址的野生动物资源获取与利用**.李志鹏、江田真毅.南方文物2016年第3期.162—168页

2552.**河南省临汝县煤山遗址出土动物遗存研究**.尤悦、袁广阔、赵雅楠、景思源.南方文物2017年第3期.165—176页

2553.**嵩山地区二里头文化时期牛和羊来源蠡测——以二里头遗址与望京楼遗址为例**.赵春燕.华夏考古2018年第6期.77—84页

（三）植物考古

2554.**山西襄汾陶寺遗址孢粉分析**.孔昭宸、杜乃秋.考古1992年第

2期.178—181页

2555.**河南汝州李楼遗址出土炭化稻米**.吴耀利、陈星灿.农业考古1993年第1期.123页

2556.**龙山文化陶寺类型农业发展状况初探**.高天麟.农业考古1993年第3期.64—71页

2557.**河南驻马店市杨庄龙山文化遗址的植硅石分析**.姜钦华、宋豫秦、李亚东.考古1996年第4期.87—90页

2558.**夏代农业管窥——从新砦和皂角树遗址的发现谈起**.赵春青.农业考古2005年第1期.215—217页

2559.**陶寺城址2002年度浮选结果及分析**.赵志军、何驽.考古2006年第5期.77—86页

2560.**山西襄汾陶寺遗址的植硅石分析**.姚政权、吴妍、王昌燧、何驽、赵志军.农业考古2006年第4期.19—26页

2561.**二里头遗址浮选结果的初步分析（提要）**.赵志军.二里头遗址与二里头文化研究——中国·二里头遗址与二里头文化国际学术研讨会论文集.科学出版社.2006年.529页

2562.**河南新密市新砦遗址的植硅石分析**.姚政权、吴妍、王昌燧、赵春青.考古2007年第3期.90—96页

2563.**河南登封王城岗遗址土壤样品的植硅体分析**.靳桂云、方燕明、王春燕.中原文物2007年第2期.93—100页

2564.**登封王城岗遗址浮选结果及分析**.赵志军、方燕明.华夏考古2007年第2期.78—89页

2565.**河南西平上坡遗址植物遗存试探**.魏兴涛、孔昭宸、余新红.华夏考古2007年第3期.75—82页

2566.**公元前2500年—公元前1500年中原地区农业经济研究**.赵志

军.科技考古（第二辑）.科学出版社.2007年.1—11页

2567.**公元前2500年—公元前1500年中原地区农业经济研究**.赵志军.中华文明探源工程文集（技术与经济卷）.科学出版社.2009年.123—135页

2568.**博爱西金城遗址出土圆田螺的采集季节分析**.王良智.华夏考古2010年第3期.77—84+109页

2569.**河南博爱县西金城遗址2006~2007年浮选结果分析**.陈雪香、王良智、王青.华夏考古2010年第3期.67—76页

2570.**河南禹州瓦店遗址出土植物遗存分析**.刘昶、方燕明.南方文物2010年第4期.55—64页

2571.**中华文明形成时期的农业经济特点**.农业研究课题组.科技考古（第三辑）.科学出版社.2011年.1—35页

2572.**河南邓州八里岗遗址出土植物遗存分析**.邓振华、高玉.南方文物2012年第1期.156—163页

2573.**河南新密古城寨城址出土植物遗存分析**.陈微微、张居中、蔡全法.华夏考古2012年第1期.54—62页

2574.**粟作农业在华夏文明形成中的意义**.张俊娜、夏正楷.早期中国研究（第1辑）.文物出版社.2013年.228—240页

2575.**河南登封南洼遗址二里头到汉代聚落农业的植物考古证据**.吴文婉、张继华、靳桂云.中原文物2014年第1期.109—117页

2576.**五谷初聚：二里头遗址植物考古的意义与成绩**.赵志军、谢阮虹.世界遗产2015年第8期.44—46页

2577.**河南博爱西金城遗址石器及陶器上残存淀粉粒反映的古人类植食性食谱——四千年前的麦作农业**.王强、王青、李明启.中国农史2015年第5期.3—11页

2578.**河南新密新砦遗址2014年浮选结果及分析**.钟华、赵春青、魏继印、赵志军.农业考古2016年第1期.21—29页

2579.**郑州望京楼遗址二里头文化时期植物资源的利用——来自石器残留淀粉粒的证据**.陶大伟、吴倩、崔天兴、赵珍珍.第四纪研究2016年第2期.294—301页

2580.**郑州东赵遗址炭化植物遗存记录的夏商时期农业特征及其发展过程**.杨玉璋、袁增箭、张家强、程至杰、禤华丽、方方、张居中、顾万发.人类学学报2017年第1期.119—130页

2581.**郑州地区东赵先民植物性食物结构及遗址出土部分陶器功能分析：来自植物淀粉粒的证据**.孙亚男、杨玉璋、张家强、姚凌、禤华丽、袁增箭、顾万发、张居中.第四纪研究2018年第2期.406—419页

2582.**新砦期农业经济研究——花地嘴遗址炭化植物遗存分析**.唐丽雅、顾万发、高博、吴倩、温睿.南方文物2018年第4期.85—95页

2583.**河南禹州瓦店遗址2007、2009年度植物遗存浮选结果分析**.刘昶、赵志军、方燕明.华夏考古2018年第1期.95—102+128页

2584.**河南灰嘴遗址二里头文化植物遗存的考古学分析**.李炅娥、沙尔汗·贝斯特尔、桑栎.边疆考古研究2018年第1期.331—348页

2585.**从家畜饲养方式看新郑望京楼遗址夏商时期农业复杂化进程**.陈相龙、尤悦、吴倩.南方文物2018年第2期.200—207页

2586.**河南淮阳平粮台遗址（2014—2015）龙山时期炭化植物遗存研究**.赵珍珍、曹艳朋、靳桂云.中国农史2019年第4期.19—32页

2587.**河南洛阳王圪垱遗址浮选结果及分析**.钟华、吴业恒、张鸿亮、赵志军.农业考古2019年第1期.7—17页

2588.**偃师二里头遗址浮选结果的分析和讨论**.赵志军、刘昶.农业考古2019年第6期.7—20页

2589.**龙山—二里头时期环嵩山地区农业演变**.唐丽雅、李凡、顾万发、吴倩.华夏考古2019年第3期.58—66页

2590.**中原地区先秦时期麦遗存的考古学研究**.郭荣臻、靳桂云.江汉考古2019年第3期.71—80页

（四）手工业考古

2591.**中国早期铜器的初步研究**.北京钢铁学院冶金史组.考古学报1981年第3期.287—302页

2592.**河南龙山文化冶铜技术**.李京华.有色金属1983年第3期.65—69页

2593.**陶寺发掘出土的和二里头发掘出土的铜铃：早期技术演进的一个例子**.万家保.大陆杂志1987年第5期

2594.**登封王城岗夏文化城址出土的部分石质生产工具试析**.李京华.农业考古1991年第1期.276—280页

2595.**谈二里头文化时期的青铜冶铸业**.韩玉玲.中原文物1992年第2期.101—103页

2596.**河南二里头遗址出土的合金铜爵**.贾洪波.历史教学1993年第9期.52页

2597.**山西襄汾陶寺遗址制陶工艺研究**.李文杰.中国古代制陶工艺研究.科学出版社.1996年.69—118页

2598.**渑池县郑窑遗址二里头文化制陶工艺研究**.李文杰、张居中.华夏考古1998年第2期.67—85页

2599.**河南驻马店杨庄出土二里头文化二期铜凿形器的检测**.孙淑云.中国冶金史论文集（三·A）.北京科技大学出版社.2002年

2600.**《偃师二里头》有关铸铜技术的探讨——兼谈报告存在的几点问题**.李京华.中原文物2004年第3期.29—36页

2601.**陶寺文化石制品研究——以HG8为中心**.严志斌.二十一世纪的中国考古学——庆祝佟柱臣先生八十五华诞学术文集.文物出版社.2006年.357—374页

2602.**二里头遗址的改制石器初探**.谢礼晔、陈星灿.二十一世纪的中国考古学——庆祝佟柱臣先生八十五华诞学术文集.文物出版社.2006年.375—387页

2603.**二里头时期的金属文明及相关问题（提要）**.金正耀.二里头遗址与二里头文化研究——中国·二里头遗址与二里头文化国际学术研讨会论文集.科学出版社.2006年.532页

2604.**关于中原地区早期青铜冶金研究的几个问题（提要）**.梅建军.二里头遗址与二里头文化研究——中国·二里头遗址与二里头文化国际学术研讨会论文集.科学出版社.2006年.533页

2605.**中国玉器素材的开片三部曲——谈二里头玉器开片技术（提要）**.邓聪.二里头遗址与二里头文化研究——中国·二里头遗址与二里头文化国际学术研讨会论文集.科学出版社.2006年.536—538页

2606.**二里头采集青铜钺分析测试报告**.梁宏刚、孙淑云、许宏.中华文明探源工程文集（技术与经济卷）.科学出版社.2009年.305—310页

2607.**偃师二里头出土铜器的化学组成分析**.赵春燕、杜金鹏、许宏、陈国梁、孙淑云、梁宏刚.中华文明探源工程文集（技术与经济卷）.科学出版社.2009年.372—380页

2608.**二里头遗址出土冶铸遗物初步研究**.李延祥、许宏.中华文明探源工程文集（技术与经济卷）.科学出版社.2009年.389—412页

2609.**二里头文化玉工艺相关问题试释**.邓聪、许宏、杜金鹏.中华文明探源工程文集（技术与经济卷）.科学出版社.2009年.487—503页

2610.**从灰嘴发掘看中国早期国家的石器工业**.陈星灿.中华文明探源工程文集（社会与精神文化卷）.科学出版社.2009年.567—577页

2611.**山西垣曲盆地新石器时代及早期青铜时代陶器的产地分析研究**.成小林、郝少康、戴向明、崔剑峰、王金霞.中国历史文物2009年第3期.22—32页

2612.**二里头文化陶器成型工艺初步观察**.贾宾、朱君孝.文物鉴定与鉴赏2010年第3期.47—51页

2613.**二里头遗址铸铜技术研究**.廉海萍、谭德睿、郑光.考古学报2011年第4期.561—575页

2614.**河南境内出土早期玉器初步研究**.董俊卿、干福熹、承焕生、胡永庆、程永建、柴中庆、周剑曙、顾冬红、赵虹霞.华夏考古2011年第3期.30—50页

2615.**试论夏代玉器的艺术特征与审美情趣**.田丽梅.春草集——吉林省博物馆协会第一届学术研讨会论文集.吉林人民出版社.2011年.655—658页

2616.**二里头遗址出土白陶、印纹硬陶和原始瓷的研究**.鲁晓珂、李伟东、罗宏杰、许宏、赵海涛、袁靖.考古2012年第10期.89—96页

2617.**河南禹州瓦店遗址出土石铲制品的初步研究——嵩山地区夏商时期石铲生产工业管窥**.逢博、张海、方燕明.华夏考古2013年第2期.45—52+69页

2618.**戚城遗址龙山文化红陶鬶制作工艺研究**.马学泽.四川文物2013年第6期.80—83页

2619.**山西周家庄遗址出土龙山时期铜片的初步研究**.王建平、王

力之.中国国家博物馆馆刊2013年第8期.145—154页

2620.**陶寺遗址出土石器的微痕研究**.蔡明.华夏考古2014年第1期.38—50页

2621.**上海博物馆藏二里头文化束腰爵新探**.马今洪.中国国家博物馆馆刊2014年第3期.20—28页

2622.**二里头文化与中国早期青铜器生产的国家性初探——兼论泥范块范法铸造青铜器的有关问题**.苏荣誉.夏商都邑与文化（一）——“夏商都邑考古暨纪念偃师商城发现30周年国际学术研讨会”论文集.中国社会科学出版社.2014年.342—372页

2623.**也论二里头青铜器的生产技术**.张昌平.夏商都邑与文化（二）——“纪念二里头遗址发现55周年学术研讨会”论文集.中国社会科学出版社.2014年.126—137页

2624.**二里头遗址出土玉器的工艺技术分析**.叶晓红.夏商都邑与文化（二）——“纪念二里头遗址发现55周年学术研讨会”论文集.中国社会科学出版社.2014年.402—430页

2625.**陶寺遗址石制品复制实验与磨制工艺**.翟少冬.人类学学报2015年第2期.192—201页

2626.**二里头遗址绿松石的红外光谱产地识别**.任佳、叶晓红、王妍、罗书琼、施光海.光谱学与光谱分析2015年第10期.2767—2772页

2627.**二里头遗址铸铜遗存再探讨**.陈国梁.中原文物2016年第3期.35—44页

2628.**陶寺遗址石器生产的产能分析**.翟少冬.南方文物2016年第2期.123—128页

2629.**河南新密新砦遗址出土铜器分析**.刘煜、刘建宇、赵春青.南方文物2016年第4期.108—114页

2630.**二里头遗址制骨遗存的考察**.陈国梁、李志鹏.考古2016年第5期.59—70页

2631.**二里头文化至殷墟文化时期青铜器鋬的铸造技术及其发展**.张昌平.文物2016年第9期.56—68页

2632.**二里头镶嵌绿松石铜牌图像与制作工艺考**.王汇文.装饰2016年第8期.84—85页

2633.**二里头文化至西周文化时期青铜爵铸型分范技术的演进**.楚小龙.华夏考古2017年第1期.75—84页

2634.**陶寺遗址石器工业性质分析**.何驽.三代考古（七）.科学出版社.2017年.355—366页

2635.**东下冯遗址冶铸遗存研究**.李建西、李延祥、田建文.考古与文物2018年第1期.116—123页

2636.**浅析二里头遗址青铜爵的铸造工艺**.宋锐.华夏文明2018年第18期.14—17页

2637.**陕西洛南绿松石的锶同位素特征及其产地意义——兼论二里头出土绿松石的产源**.先怡衡、樊静怡、李欣桐、李延祥、周雪琪、高占远、吴萌蕾.西北地质2018年第2期.108—115页

2638.**河南偃师灰嘴遗址新石器时代和二里头文化时期工具残留物及微痕分析**.刘莉、Maureece J.Levin、陈星灿、李永强.中原文物2018年第6期.82—97页

2639.**二里头遗址二里头文化至二里岗文化过渡期的青铜器生产**.宫本一夫.南方文物2019年第2期.95—102页

2640.**二里头遗址出土冶铸遗物中一些特殊现象的思考**.梁宏刚.南方文物2019年第5期.60—67页

2641.**中国早期社会复杂化过程中石器工业的陶寺模式**.翟少东.中

原文物2019年第5期.76—83页

2642.**河南郾城皇寓遗址二里头文化陶器工艺及特征分析**.陈雪飞.中原文物2019年第6期.67—75页

（五）陶器分析

2643.**山西襄汾陶寺遗址陶片的测试和分析**.中国社会科学院考古研究所实验室（李敏生、黄素英）.考古1993年第2期.176—188页

2644.**二里头遗址陶器产地的初步研究**.朱君孝、李清临、王昌燧、许宏.复旦学报（自然科学版）2004年第4期.589—596+603页

2645.**陶寺陶器彩绘颜料的拉曼光谱和X衍射分析**.李乃胜、何努、毛振伟.文物保护与科技考古2006年.78—80页

2646.**陶寺遗址陶器彩绘颜料的光谱分析**.李乃胜、杨益民、何弩（何努）、毛振伟.光谱学与光谱分析2008年第4期.946—948页

2647.**垣曲盆地新石器时期陶器化学成分初探**.王晓毅、王小娟.鹿鸣集——李济先生发掘西阴遗址八十周年·山西省考古研究所侯马工作站五十周年纪念文集.科学出版社.2009年.91—98页

2648.**垣曲上亳遗址陶器化学成分的初步研究**.王小娟、王晓毅.文物世界2009年第1期.74—77页

2649.**二里头遗址陶器样品中子活化分析与研究**.王增林、许宏.中华文明探源工程文集（技术与经济卷）.科学出版社.2009年.450—463页

2650.**河南偃师二里头遗址出土陶器的科技研究**.吴瑞、吴隽、李家智、邓泽群、许宏.中华文明探源工程文集（技术与经济卷）.科学出版社.2009年.464—482页

2651.**二里头遗址出土陶容器内残余物的碳同位素分析**.赵春燕、赵海涛、陈国梁、许宏.中国社会科学院古代文明研究中心通讯第20期2010年

2652.**陶寺遗址龙山时代黑色陶衣的研究**.鲁晓珂、李伟东、罗宏杰、何驽、李新伟.中国科学：技术科学2011年第7期.906—912页

2653.**河南偃师二里头遗址特殊陶器的科技研究**.鲁晓珂、李伟东、罗宏杰、许宏、赵海涛.科技考古（第三辑）.科学出版社.2011年.213—221页

2654.**山西襄汾陶寺遗址陶土成分分析**.王小娟、王晓毅.考古与文物2013年第2期.106—111页

2655.**山西南部新石器时代末期彩绘陶器颜料的科学分析**.王晓毅、南普恒、金普军.考古与文物2014年第4期.108—113页

2656.**陶寺遗址出土泥质陶器的中子活化分析与研究**.王增林、何驽.南方文物2014年第3期.72—78页

2657.**瓦店遗址龙山文化白陶的科技研究**.鲁晓珂、方燕明、李伟东.华夏考古2015年第4期.118—124页

2658.**试论二里头遗址出土陶器化学成分所见选料传统**.李宏飞、赵海涛、崔剑锋、许宏.南方文物2019年第2期.103—110页

（六）环境考古

2659.**陶寺遗址及邻近地区考古地磁研究**.张维玺.考古1989年第10期.933—941+952页

2660.**河南驻马店杨庄遗址龙山时代环境考古**.姜钦华、宋豫秦、李亚东、韩建业.考古与文物1998年第2期.34—40页

2661.**从考古学文化看豫西地区古环境的变迁**.方孝廉.耕耘论丛（一）.科学出版社.1999年.246—254页

2662.**河南偃师市二里头遗址的环境信息**.宋豫秦、郑光、韩玉玲、吴玉新.考古2002年第12期.75—79页

2663.**中原地区距今5000—4000年间古环境重建的软体动物化石证据**.梁亮、夏正楷、刘德成.北京大学学报（自然科学版）2003年第4期.532—537页

2664.**我国中原地区3500aBP前后的异常洪水事件及其气候背景**.夏正楷、王赞红、赵春青.中国科学D辑2003年第9期.881—888页

2665.**山西垣曲古文化与环境之关系探究**.张素琳.中国历史文物2003年第3期.73—81页

2666.**豫西—晋南地区华夏文明形成过程的环境背景研究**.夏正楷.古代文明（第3卷）.文物出版社.2004年.102—114页

2667.**距今四千年前后环境灾变与洪水事件的新思考**.王青.中国文物报2004年7月23日

2668.**三代文明崛起的生境优化过程及其启示（提要）**.宋豫秦、虞琰.二里头遗址与二里头文化研究——中国·二里头遗址与二里头文化国际学术研讨会论文集.科学出版社.2006年.534—535页

2669.**二里头遗址出土木炭碎块的研究**.王树芝、王增林、许宏.中原文物2007年第3期.93—99页

2670.**山西垣曲盆地龙山时代的聚落与环境**.张素琳.环境考古研究（第四辑）.北京大学出版社.2007年.100—107页

2671.**登封王城岗遗址出土木炭碎块的研究**.王树芝、王增林、方燕明.中华文明探源工程文集（环境卷）.科学出版社.2009年.142—155页

2672.**陶寺文化聚落环境资源分析——试以襄汾丁村与陶寺遗址比较**.胡建.而立集——山西大学考古专业成立30周年纪念文集.科学出版社.2009年.93—102页

2673.**陶寺遗址出土木炭研究**.王树芝、王增林、何驽.考古2011年第3期.91—96页

2674.**王城岗遗址出土木炭指示的古气候**.王树芝、方燕明.中国社会科学院古代文明研究中心通讯第20期2010年.39—44页

2675.**龙山时代的植被、古气候及植物利用——以河南瓦店遗址的木炭分析为例**.王树芝、方燕明、赵志军.第四纪研究2012年第2期.226—235页

2676.**洛阳二里头遗址南沉积剖面的粒度和磁化率分析**.张俊娜、夏正楷.北京大学学报（自然科学版）2012年第5期.737—743页

2677.**偃师二里头遗址土壤与人骨中铅含量的测定**.赵春燕.2013中国环境科学学会学术年会论文集（第七卷）.2013年.6370—6373页

2678.**二里头文化遗址区土壤化学成分含量及变化研究**.查理思、吴克宁、鞠兵、王洁云.土壤通报2013年第6期.1414—1417页

2679.**临汾盆地陶寺遗址附近全新世黄土剖面的环境指标分析**.李拓宇、莫多闻、胡珂、王海斌、郭媛媛、张翼飞、任小林.北京大学学报（自然科学版）2013年第4期.628—634页

2680.**山西襄汾陶寺都邑形成的环境与文化背景**.李拓宇、莫多闻、胡珂、张翼飞、王建军.地理科学2013年第4期.443—449页

2681.**陶寺古城形成与选址的环境与文化背景研究**.王海斌、莫多闻、李拓宇.水土保持研究2014年第3期.302—308页

2682.**伊洛河水系变迁和二里头都邑的出现**.夏正楷、张俊娜、张小虎.夏商都邑与文化（二）——“纪念二里头遗址发现55周年学术研

讨会”论文集.中国社会科学出版社.2014年.346—364页

2683.**二里头遗址V区出土木炭的分析与研究**.王树芝、赵海涛、陈国梁、许宏、赵志军、齐乌云.夏商都邑与文化（二）——“纪念二里头遗址发现55周年学术研讨会”论文集.中国社会科学出版社.2014年.372—382页

2684.**河南省禹州瓦店遗址的河流地貌演化及相关问题**.王辉、张海、张家富、方燕明.南方文物2015年第4期.81—88页

2685.**河南禹州瓦店遗址龙山文化壕沟的土壤微形态分析**.张海、庄奕杰、方燕明、王辉.华夏考古2016年第4期.86—95页

2686.**果实采集、木材利用和周边环境：河南颍河上游两个龙山时代考古遗址的木炭分析**.王树芝、方燕明、赵志军.环境考古研究（第五辑）.科学出版社.2016年.157—164页

2687.**偃师二里头遗址的土壤环境地球化学特征与人类健康的初步研究**.赵春燕.环境考古研究（第五辑）.科学出版社.2016年.224—229页

2688.**瓦店遗址地层记录的龙山晚期古环境与人类活动**.李中轩、吴国玺、孙艳丽、张曼、谷蕾.海洋地质与第四纪地质2017年第3期.180—186页

2689.**稳定同位素分析对史前生业经济复杂化的启示：以河南禹州瓦店遗址为例**.陈相龙、方燕明、胡耀武、侯彦峰、吕鹏、宋国定、袁靖、Michael P.Richards.华夏考古2017年第4期.70—79+84页

（七）碳十四测年

2690.**公元前2000年河南龙山文化时期古陶片的穆斯堡尔谱研**

究.潘贤家、孙仲田、金国樵.核技术1983年第5期.49—50页

2691.**有关所谓“夏文化”的碳十四年代测定的初步报告**.仇士华、蔡莲珍、冼自强、薄官成.考古1983年第10期.923—928页

2692.**二里头文化与龙山文化古陶片的穆斯堡尔谱研究**.孙仲田、金国樵、潘贤家.中原文物1985年第1期.83—85页

2693.**河南龙山文化和二里头文化碳十四测年的若干问题讨论**.方燕明.中原文物2005年第2期.18—32页

2694.**王城岗遗址^{14}C年代的测定、校正与拟合**.张海、方燕明、吴小红、张雪莲.中华文明探源工程文集（社会与精神文化卷）.科学出版社.2009年.429—438页

2695.**河南虞城县马庄新石器时代遗址的碳十四测年**.中国社会科学院考古研究所考古科技实验研究中心碳十四实验室、中国科学院地球环境研究所加速器质谱中心、中国社会科学院考古研究所中美队.考古2010年第12期.88—91页

2696.**二里头断代——我国碳十四测年的一个缩影**.张雪莲、李琴.世界遗产2015年第8期.59—60页

（八）天文研究

2697.**陶寺大型建筑ⅡFJT1的天文学年代初探**.武家璧、何驽.中国社会科学院古代文明研究中心通讯第8期2004年.50—55页

2698.**中国“巨石阵”：具有世界意义的考古新发现——关于山西陶寺城址ⅡFJT1基址的天文学意义**.江晓原.中华读书报2005年11月30日

2699.**山西襄汾陶寺城址天文观测遗迹功能讨论**.江晓原、陈晓

中、伊世同、孙小淳、李东生、王玉民、席泽宗、殷玮璋、刘次沅、陈美东、徐凤仙（徐凤先）、李勇、周晓陆、任式楠、赵瑞民、武家璧、张培瑜、王巍.考古2006年第11期.81—94页

2700.**陶寺中期小城大型建筑基址ⅠFJT1实地模拟观测报告**.中国社会科学院考古研究所山西工作队.中国社会科学院古代文明研究中心通讯第29期2006年.3—14页

2701.**试论陶寺祭祀遗址揭示的五行历**.陈久金.自然科学史研究2007年第3期.324—333页

2702. **4000年前的山西陶寺观象台**.陈久金.中国国家天文2007年第3期.85—93页

2703. **“陶寺观象台”发掘与古代文献的印证**.李维宝、陈久金.天文研究与技术2007年第4期.412—415页

2704.**陶寺中期观象台实地模拟观测资料初步分析**.何驽.古代文明（第6卷）.文物出版社.2007年.83—115页

2705.**陶寺观象台遗址的天文功能与年代**.武家璧、陈美东、刘次沅.中国科学（G辑：物理学，力学，天文学）2008年第9期.1265—1272页

2706.**陶寺观象台与考古天文学**.武家璧.科学技术与辩证法2008年第5期.90—96页

2707. **“陶寺史前天文台的考古天文学研究”项目组春分观测纪行**.徐凤先.中国科技史杂志2009年第2期.265—268页

2708.**山西襄汾陶寺城址中期王级大墓ⅡM22出土漆杆“圭尺”功能试探**.何驽.自然科学史研究2009年第3期.261—276页

2709.**陶寺观象台遗址的天文学分析**.刘次沅.天文学报2009年第1期.107—116页

2710.**世界最早的天文观象台——陶寺观象台及其可能的观测年代**.李勇.自然科学史研究2010年第3期.259—270页

2711.**陶寺ⅡM22漆杆与圭表测影**.黎耕、孙小淳.中国科技史杂志2010年第4期.363—372页

2712.**从大汶口符号文字和陶寺观象台探寻中国天文学起源的传说时代**.徐凤先.中国科技史杂志2010年第4期.373—383页

2713.**晷影测年：以陶寺疑似圭尺为例**.李勇.自然科学史研究2016年第4期.383—394页

附录　作者索引

A

B

C

D

F

G

H

J

K

L

M

N

P

Q

R

S

T

W

X

Y

Z

后记

《夏文化考古文献存目》由刘海旺同志主持编写，梁法伟、魏兴涛、王豪任副主编，负责完成全书的统稿、定稿工作。河南大学黄河文明与可持续发展研究中心贺俊、郑州大学研究生周要港等同志参与了资料收集工作，岳梦同志参与索引的编写工作，并对部分条目进行了校对。

大象出版社张前进先生、李建平先生和责任编辑曲静女士为本书的出版付出了辛勤劳动。该书的编写和出版得到了河南省文化和旅游厅、河南省文物局的指导，河南省文物局还专门安排资金予以支持，在此一并致谢！

编者

2021年11月